지적인
낙관주의자

심플하고 유능하게 사는 법에 대하여

지적인
낙관주의자

옌스 바이드너 지음 _ 이지윤 옮김

OPTIMISMUS
WARUM MANCHE WEITER
KOMMEN ALS ANDERE

☐ 어떤 일이 현실화되기 전부터 좋은 쪽으로 생각하고 그 상황을 즐긴다.

☐ 성공을 간절히 바라고 있다.

☐ 패배를 겸허하게 받아들인다.

☐ '그 일, 우리가 해 보자'라는 말을 자주한다.

☐ 내가 어떤 일에 긍정적인 영향을 미칠 수 있다고 믿는다.

☐ 어떤 일을 시작하기 전까지는 신중하게 저울질하지만, 결정한 다음에는 꼭 성공할 것이라고 확신하며 일을 추진한다.

☐ 나에게는 직감적으로 위협적인 불운을 알아차리는 섬세한 능력이 있다.

☐ 나의 미래는 지금보다 더 좋아질 것이다.

☐ 새로운 발상을 받아들이지 못하는 사람, 매사에 불평하는 사람을 멀리하는 편이다.

☐ 되도록 자주 설레는 기분을 느끼고 싶다.

☐ 크고 작은 위기에 잘 대응하는 편이다.

☐ 현재 가진 것을 파악하면서 안정감을 느낀다.

☐ 나에게 일어난 부정적인 일은 모두 일시적이고 결코 오래가지 않을 것이다.

☐ 나에게 일어난 긍정적인 현상에는 영구적인 원인이 있고 반드시 반복될 것이다.

☐ 때에 따라 작은 세부사항에 집중하기 위해 큰 그림은 무시할 수 있다.

☐ 가끔 위안을 얻기 위해 현실을 긍정적으로 왜곡해서 바라본다.

☐ 막다른 골목에 부딪쳤다면 빠져나갈 길을 찾기 위해 적극적으로 나서는 편이다.

☐ 나의 직업적 전망은 밝다.

- [ ] 나는 평균 이상으로 건강하다.
- [ ] 나에게 이혼, 암 발병, 실업 등의 불운이 닥칠 가능성은 거의 없다.
- [ ] 그래도 이 세상은 조금씩 나아지고 있는 것 같다고 자주 생각한다.
- [ ] 직장에서 좋은 경력을 유지하는 일은 타이밍을 잘 맞춰야 하는 마라톤과 비슷하다.
- [ ] 현실적으로 생각해도 나는 계속 발전할 것이다.
- [ ] 모든 상황이 앞으로 더 나아질 거라고 믿는다.
- [ ] 더 나은 미래를 위해 실제로 무엇인가를 하고 있다.
- [ ] 만약 직장에서 새로운 직무를 맡게 되어도 나는 그 일을 어떻게 처리해야 할지를 정확하게 알고 있을 것이다.
- [ ] 다른 사람 앞에서 나의 장점을 어필할 준비가 되어 있다.
- [ ] 미래의 성공에 대해 구체적으로 떠올릴 수 있다.
- [ ] 공감능력이 뛰어난 편이다.
- [ ] '의욕적이고 유쾌한 회사 분위기가 병가, 이직, 내부 갈등 등의 문제를 감소시키는 데 도움이 된다'는 견해에 동의한다.
- [ ] 나에겐 멀티플레이어의 자질이 있다.
- [ ] 때로 일이 잘못되더라도 노력했다는 것에 의미를 둘 수 있다.
- [ ] 미래를 생각하는 일은 내 특기 중 하나다.
- [ ] 나는 일할 때 평균 이상으로 뛰어나다.
- [ ] 내 이상향은 실현 가능하다.
- [ ] 비관론에 강한 저항감을 느낄 때가 있다.
- [ ] 약간의 과대망상은 성공에 도움이 된다.

- ☐ '성공 = 내 덕, 실패 = 남 탓'이란 주장에 대체적으로 동의한다.
- ☐ 인내하며 목표를 꾸준히 추구해 나가는 편이다.
- ☐ 나의 성공 가능성에 대해 얘기하는 것을 좋아한다.
- ☐ 위기는 일종의 놀이 혹은 다른 기회처럼 여겨질 때가 있다.
- ☐ 예기치 못한 상황에서 어떻게 행동해야 하는지 본능적으로 파악이 가능하다.
- ☐ 앞장서서 사람들을 이끄는 것을 좋아하는 편이다.
- ☐ '실행 가능성 분석 + 건전한 인격 = 성공'이라는 공식에 동의한다.
- ☐ 서로 맞지 않는 사람들 사이에서도 생산적인 관계가 가능하다
- ☐ 불쾌한 일은 흡수하지 않고 그냥 흘려보내는 편이다.
- ☐ 낙관주의가 '자본주의의 동력'이라는 말에 동의한다.
- ☐ 실망이란 기대했던 결과를 얻지 못할 때가 아니라 환상을 잃어버리는 것을 의미한다.
- ☐ 내가 성공할수록 낙관적 성향도 강해질 것이다.
- ☐ '성공은 1%의 영감과 99%의 노력으로 이뤄진다'라는 말에 동의한다.

평가

'그렇다'라고 대답한 항목의 개수를 더하면 어떤 유형에 속하는지 알 수 있다.

☑ '그렇다'가 0~10개일 때

이보다 더 비관적일 수는 없다. 당신의 컵에는 물이 절반 찬 게 아니라 절반 비어 있다. 당신은 혁신에 저항하기 때문에 일을 실행하는 사람들 입장에선 넘어서야 할 장애물처럼 여겨진다. 세상을 바라보는 당신의 비판적 시각은 가끔 주변 사람들을 부담스럽게 만든다. 낙관주의자는 당신을 피하려 든다. 상황이 이런데도 자신의 비관적 태도가 불편하지 않다면 그대로 살면 된다.

하지만 세상을 바라보는 낙관적 시선을 한번 경험하고자 한다면 모두로부터 진심 어린 환영을 받을 것이다. 사회화 이론에 따르면 우리는 마음만 먹으면 언제라도 변할 수 있다. 그러니 당신도 예외가 아니다.

☑ '그렇다'가 11~20개일 때

당신은 비관적인 편이고, 회의적이고 불신이 많다. 하지만 세련된 방식으로 소통하고, 매너가 있기에 당신보다 훨씬 긍정적으로 세상을 바라보는 사람과도 그럭저럭 잘 소통하며 살아왔을 것이다. 낙관주의자들의 시각에 동의하진 않지만 그래도 독선적으로 행동하지 않으려 애써왔다. 그래서 당신은 좋은 평가를 받는다. 당신은 경찰 등의 사회질서 유지기관이나 국세청, 기업의 감사실에서 일하기에 탁월한 인물이다. 믿는 것도 괜찮지만, 감시가 더 좋은 방식이라고 생각하기 때문이다.

☑ '그렇다'가 21~40개일 때

당신은 스스로를 낙관주의자라고 생각한 적이 있을 것이다. 사람들은 기꺼이 당신 곁으로 모여든다. 당신의 긍정적 아우라 덕분이다. 당신은 당신이 하는 일을 좋아하고 옳다고 믿지만, 그렇다고 자기애에 빠지진 않는다. 때론 장밋빛 안경을 쓸 때도 있지만 잠시일 뿐, 곧 다시 현실적 안경으로 바꿔 쓰고 현실을 저울질한다.

과도하게 나서지도 않는다. 기본적으로 당신은 팀플레이어이며, 그 점 역시 당신을 호감형으로 만들어 준다. 당신의 낙관적 시선이 저항을 받는 경우는 드물다. 과하지 않기 때문이다. 당신의 주변에 좋은 영향을 끼치고, 주변 사람들도 그 점을 알고 높이 평가한다. 사람들은 당신과 당신의 독단적이지 않은 방식을 옹호한다.

당신 모습 그대로도 충분히 좋다. 하지만 더 성공하기를 원한다면 아래 항목을 읽어보는 것이 도움을 줄 것이다.

☑ '그렇다'가 40~50개일 때

당신은 최고의 낙관주의자 유형에 속한다. 최고의 낙관주의자들은 성공지향적으로 상황을 주도하는 사람들의 모임이다. 당신은 무엇보다 더 많은 성공을 원한다. 평균 이상 효과는 당신 그 자체를 표현하는 말이고, 당신은 그걸 누구보다 잘 안다. 스스로 그 독보적인 유형에 속한다는 걸 알기 때문이다. 물론 아무 앞에서나 곧장 그 사실을 떠벌리고 다니진 않는다. 겸손해서가 아니라 허풍쟁이로 찍히지 않기 위한 전략이다. 당신의 자화자찬은 단순한 떠벌리기가 아니라, 증빙이 가능한 확실한 사실관계의 나열이다.

당신은 열심히 일하므로 성공할 자격이 있다. 아무것도 아닌 것에선 아무것도 나오지 않는다. 당신은 당신의 아이디어를 굳건히 믿는다. 이것들이 당신의 신조다. 여기에 어긋나는 일은 아예 시작도 하지 않는다. 당신은 상황을 신중하게 검토한다. 그리고 당신이 품고 가야 할 사람들, 즉 당신에게 동의하지 않는 사람과 당신에게 맞서는 사람을 정확하게 파악한다. 결국 승자는 당신이 될 거라는 건, 그 점이 달갑지 않은 사람들도 동의할 수밖에 없는 사실이다.

낙관주의자라고 다 같은 낙관주의자가 아니다

테스트 결과를 확인했다면 낙관주의자라고 다 같은 낙관주의자가 아니라는 걸 깨달았을 것이다. 사회생활 혹은 개인생활에서 드러나는 낙관주의는 크게 다섯 가지 유형으로 구분된다. 다섯 가지 유형 그 어디에 속하든지 간에 비관주의자로 사는 것보다는 나은 삶을 보장한다. 그러니 당신이 무조건 낙관주의를 택하기를 권하고 싶다. 사람마다 자신에게 맞는 유형을 찾아냈으면 한다. 낙관주의가 당신의 삶을 풍성하게 해 줄 것이다. 독이 되는 건 용량이 과할 때 일이다. 그리고 확신하건대, 여러분들은 적절한 처방전을 받게 될 것이다.

출처: Rheingold Institut, Clubs der Optimisten

목차

자가 테스트

당신은 낙관적인 사람입니까,
비관적인 사람입니까?

Chapter 1

낙관주의자:
더 즐겁고 더 행복하며 더 희망적인 사람들

지금 우리에게는 낙관주의가 필요하다 · *17*

불평과 비관으로 바뀌는 것은 없다 · *32*

비관주의자에게도 뛰어난 점이 있다 · *40*

낙관주의자의 사고 전략 · *52*

Chapter 2

낙관주의자라고
다 같은 낙관주의자가 아니다

어떤 낙관주의자가 될지는 당신의 선택에 달렸다 · *91*

긍정적인 면에 집중하는 목적 낙관주의자 · *93*

미래가 아름다운 순진한 낙관주의자 · *102*

작은 행복에 만족하는 숨은 낙관주의자 · *109*

세상을 먼저 생각하는 이타적 낙관주의자 · *114*

지적인 최고의 낙관주의자 · *119*

Chapter 3

낙관주의자가
남들보다 많은 것을 이룬다

불쾌함을 흘려보내는 고어텍스 멘탈 · 135
내향성과 외향성의 조화 · 141

Chapter 4

낙관주의자는
낙관주의자로 태어나지 않는다

낙관주의자의 탄생 · 151
1차 사회화: 유년기에 형성되는 자기신뢰감 · 157
2차 사회화: 다양한 태도와 문화의 학습 · 167
3차 사회화: 개선될 수 있다는 믿음 · 172

Chapter 5

낙관주의자가 되기 위한
학습 도구들

무기력 대신 낙관주의 · *179*

거짓 미소 대신 활짝 웃기 · *183*

당근과 채찍 · *187*

롤모델과 멘토 · *189*

유사성 원리의 활용 · *194*

컨설팅과 자기경영 세미나 · *202*

Chapter 6

낙관주의를 키우고
성공을 이끄는 태도

꿈을 현실로 만드는 방법 · *207*

선입견이 잘못된 결과를 불러온다 · *209*

인지적 편향을 예방하라 · *212*

자기중심적이며 도덕적인 태도 · *215*

공통점이 신뢰감을 형성한다 · *218*

고차원적 능력은 후퇴하지 않는다 · *223*

딜레마를 조심하라 · *225*

낙관주의자를 위한 기준 · *232*

Chapter 7

지적인 낙관주의자의
커뮤니케이션

더 멀리 가는 커뮤니케이션의 비밀 · *241*

상호작용의 원칙 · *244*

일상이 상호작용을 좌우한다 · *251*

균형 잡힌 정체성의 설정 · *256*

유쾌함을 유지하는 비결 · *260*

위험한 상호작용 걸러내기 · *262*

낙관주의자의 탈을 쓴 사기꾼 구별법 · *270*

낙관주의 계발을 위한 25가지 실천 팁 · *282*

감사의 말

Chapter 1

낙관주의자:
더 즐겁고 더 행복하며
더 희망적인 사람들

"하루 한 잔 술은 건강에 좋다. 하지만 하루에 한 병은 건강에 치명적일 수 있다. 극단적 낙관주의는 과도한 음주와 같다. 건강을 위협할 뿐 아니라, 당신의 호주머니에도 치명적이다."

_____ 탈리 샤롯, 뇌신경과학자

지금 우리에게는
낙관주의가 필요하다

낙관주의자가 더 잘 산다. 낙관주의자는 인생을 꿰뚫어 보고, 실감하며, 즐길 줄 안다. 이 사실은 이미 다양한 연구결과를 통해 확인되었다.

낙관주의자는 더 즐겁고 더 행복하며 더 희망적이고 더 성공적이다. 낙관적 삶의 태도로 현실적으로 가능한 선에서 높은 목표에 도달할 수 있다. 성공을 향한 믿음의 크기가 앞을 가로막는 장애물을 넘어서기 때문이다.

이 책은 될 수 있으면 많은 사람이 직장에서는 물론 개인생활에서도 낙관적 태도를 갖게 되기를 바라는 마음으로 기획되었다. 낙관은 정말 합리적인 감정이고, 낙관주의자는 주변 사람들의 삶까지도 아름답게 하며, 낙관주의는 건강에 도움이 될뿐만 아니라 직업적 성공에도 확실하게 기여하기 때문이다. 낙관주의는 좋은 경력을 쌓는 것은 물론, 이미 거둔 성공을 안정적으로 지켜나가는 것을 도와준다. 노벨 경제학상을 받은 대니얼 카너먼Daniel Kahneman이 낙관주의를 자본주의의 동력이라고 주장한 것은 이런 이유에서다. 그는 어떤 기업에든 가장 중요한 원료는 낙관주의라고 말했고, 이 말은 독일의 유력 경제지《한델스블라트Handelsblatt》의 헤드라인으로 뽑혔다.

　낙관주의는 당신에게 충만감을 선사할 것이다. 모든 것이 완벽하게 돌아가지 않을 때라도 삶을 긍정적으로 바라볼 수 있게 도와주기 때문이다. 낙관주의자들은 당장 바뀌지 않는 현실에는 거의 신경을 쏟지 않는다. 그들은 현실적으로 바꿀 수 있는 것, 성공이 보장되는 것에 집중한다. 그 목표에 도달하기 위해 작은 계단을 아주 많이 올라야 한다는 사실은 아무 문제가 되지 않는다. 그들은 프로젝트나 혁신을 완수할 수 있는 확률이 51%만 넘어도 적극적으로 움직인다. 낙관주의자들은 매사 장밋빛 안경을 쓰고 사는 천진난만한 바보가 아니다. 이 책을 다 읽고 나면 낙관주의자에 대한 진부한 편견은 완전히 사라질 것이다. 낙관주의는 사회적으로도 매우 중요하다. 낙관주의자들은 현실화되려면 아직 오래 기다려야 하는 미래에 대해서도 긍정적이고 성공적으로 생각하는 능력을 지녔다.

이 책의 목적은 낙관적 삶의 태도를 독려해 사람들을 앞으로 나아가게 만드는 데 있다. 나는 다른 사람들보다 한발 더 멀리 나아가는 몇몇 사람들의 비결을 알아보는 과정에서 낙관적 태도가 성공의 기초가 되었다는 공통점을 발견했다. 이 책은 낙관주의자의 태도와 삶의 자세는 어떠하며, 그 비결은 어디에 있는지를 설명한다. 낙관적 태도는 희망차고, 성공할 만한 것에 집중하므로 경제적으로나 사회적으로 유익하다. 낙관주의자는 성공을 사랑하고, 성공으로 가는 과정 중에 부딪치는 이런저런 실패는 겸허하게 수용할 줄 안다. 어떤 일에든 경고부터 하고 제동을 걸고 선을 긋고 벽을 쌓는 사람들이 너나없이 종말을 예언하는 지금의 우리 사회에는 과하지 않은 수준에서 낙관주의자가 좀 더 늘어나도 해롭지 않을 것 같다.

나는 낙관주의자들이 모여서 만든 경제모임의 임원이다. 그래서 내 주변에는 낙관주의자가 많다. 그들은 상황이 어려울 때조차 긍정적 시각을 유지한다는 공통점을 갖고 있다. 이를테면, 난관에 부딪치면 주저앉는 대신 '자, 이제 본격적으로 해볼까'라고 팔을 걷어붙이는 태도다. 하지만 자세히 들여다보면 저마다의 낙관주의는 미묘하게 달랐다. 모임의 회원들을 좀 더 자세히 관찰하면서 나의 호기심은 더욱 강해졌다. 세계적으로 상당히 많은 낙관주의자가 존재한다는 점과 낙관주의자를 여러 가지 유형으로 나눌 수 있다는 점이 눈에 띄었다. 우리 모임은 내가 관찰한 것의 실체를 확인하고자, 2016년 라인골드 연구소Rheingold-Marktforschunginstitut에 연구를 의뢰했다. 이 책은 2017년에 나온 그 연구의 결과에 영향을 받아 시작되었다. 낙관주의라는 주제에 대해 매우 구체적이고 흥미로운 관점을 제시하는 결과였다. 우리는 "말만 하세요, 이루어질 겁니다" 하는 호들갑스러운 낙관주의에 대해 연구하지 않았다.

우리는 현실의 특성이 충분히 반영된 낙관주의를 '파생적 낙관주의'라고 부르기로 했다. 파생적 낙관주의는 무엇보다 경제적 성공에 무시할 수 없는 역할을 한다. 우리가 파생적 낙관주의를 좀 더 함양한다면 개인적으로는 물론 사회적으로도 더 많은 성공을 거둘 수 있다.

당신 자신에게 한 번 물어보라. 당신은 매사 투덜거리는 사람과 함께 일하고 싶은가, 아니면 당신의 일상에 활기를 불어넣고, 좋은 기회를 선별해 그것을 실현하기 위해 모든 노력을 다하는 낙관주의자와 함께 일하고 싶은가? 실력이 같은 경우라면 거의 누구나 낙관주의자를 선호한다. 니콜로 마키아벨리Niccolo Machiavelli는 벌써 이 사실을 알고 용병대 중 이런 사람들을 '웃는 승자유형'이라고 명명했다. 이들은 그저 성공에만 천착하는 것이 아니라, 그와 함께 일하는 일 자체를 즐겁게 만들

지적인 낙관주의자

줄 안다. 솔직히 우리의 직장생활은 그렇지 않아도 충분히 괴롭다. 업무는 완벽함과는 상관없이 흘러가기 십상이다. 그러니 낙관주의의 응원은 무조건 유익하다.

낙관주의는 만사가 '잘될 수 있다'는 약속이다. 이 약속은 직장에서는 물론 사생활에서도 유효하다. 그리고 그 약속을 이루기 위해선 먼저 우리가 낙관주의를 사랑해야 한다. 낙관주의자들은 자신이 인생의 승리자에 속한다고 느낀다. 이 느낌이 객관적 상황에 부합하지 않더라도 앞으로 그렇게 될 여지가 있기 때문이다. 그들은 아직 현실화되지 않은 일을 좋은 방향으로 생각하는 능력이 있고 또한 그러길 즐긴다.

다음 휴가에 떠날 여행의 설렘을 떠올려보자. 실제로는 아직 일어나지 않은 일이지만 그에 대한 상상은 즐거움 그 자체다. 당신은 집에 앉아 휴가에 대한 환상 속으로 걸어 들어가기만 하면 된다. 그러니 배우자를 놀래켜 주려고 출발이 임박해 휴가계획을 밝히는 행동은 하지 않는 편이 낫다. 그건 배우자가 휴가를 미리 상상하는 데서 느낄 수 있는 설렘을 빼앗는 것이다. 설렘은 잃어버리기엔 너무 아깝다.

낙관주의자들은 그늘에 가려져 있다고 주눅 들지 않는다. 그들은 그런 상황에서도 어디로 어떻게 나아가야 할지 알고 있기 때문이다. 그들은 상황을 개선하기 위한 일이라면 무엇이든 한다. 그들에겐 어떤 일에든 긍정적 영향력을 끼칠 수 있다는 믿음이 있다. 그들은 적당한 선을 지킨다. 태양에 너무 가까이 가지도, 그렇다고 너무 낮게 날지도 않는다.

"낙관주의란 후퇴나 좌절이 있음에도 불구하고 결국엔 모든 것이 잘 될 것이라고 확고하게 믿는 태도를 뜻한다. 감성 지능의 측면에서 낙관주의는 사람들이 냉담, 실의, 혹은 침체에 빠지는 것을 예방한다."

세계적 심리학자 대니얼 골먼Daniel Goleman의 이 말을 문자 그대로 받아들이는 것만으로도 이미 낙관주의의 팬이 될 만한 동기는 충분하지 않은가. 여기에 미국의 긍정심리학자 마틴 셀리그먼Martin Seligmann의 분석을 덧붙이자면, 낙관주의자들이 그렇지 않은 사람들보다 더 오래 살고, 평균적으로 더 많은 돈을 벌며, 더 많이 성공한다. 모든 낙관주의와 긍정적인 생각은 그 어떤 비관론보다 성공으로 가는 길에 도움이 된다.

그러나 너무 지나친 낙관주의는 위험을 초래할 수도 있다는 점을 유의해야 한다. 지나친 낙관주의는 사람을 정신없이 몰아붙이거나 잘못된 방향으로 호도할 위험이 있다. 때로는 너무 흥분하거나 강압적으로 될 소지도 있다. 이 책은 당신이 그런 유혹을 이겨내는 데에도 도움을 줄 것이다.

라인골드 연구에서 발견된 낙관주의적 사고법은 다음 4단계로 요약된다.

1. 직장에서 기회를 발견한다. 단, 위험요소를 간과하지 않는다.
2. 그 프로젝트와 목표가 노력할 만한 것인지 마음속에서 저울질한다.
3. '그렇다'는 판단이 들면 결정하고, 실행에 옮긴다.
4. 비판이 있어도 긴 호흡으로 결정을 추진한다.

이 4단계 전략은 그간 과소평가되어 온 낙관주의라는 원료의 진가를 드러내는 훌륭한 샘플이다.

낙관주의자는 항상 행복한 곰돌이 푸가 아니다. 자신만만한 나팔수도 아니다. 낙관주의자는 비판받을 일을 더 잘 해내고자 하는 사람이다. 특히 최고의 낙관주의자인 지적인 낙관주의자는 천천히 시작하고 철저하게 계산한 다음, 일단 결정하면 성공을 향한 흔들림 없는 믿음으로 밀어붙인다. 엔진에 불이 붙으면 목표를 향해 최대 마력으로 돌진한다. 이 전략의 핵심은 동사 네 개에 녹아있다. 계산하고, 결정하고, 돌진하고, 성취한다.

프로젝트가 제대로 돌아갈 거란 계산이 설 때, 성공을 향한 믿음이 깨어나고 맹숭맹숭했던 주도자의 마음에도 격랑이 일기 시작하는 것이다.

아일랜드의 한 민요는 "미래는 요구대로 이뤄지는 게 아니라 약속대로 이뤄지는 것으로 생각하라"라고 강하게 설득한다. 미래는 어차피 좋을 것이라고 믿는 사람만이 또 그 결과를 처리할 의욕을 낼 수 있다. 장밋빛 안경을 쓴 사람이 마침내 흑자를 만들어내는 것이다. 그러므로 장밋빛 미래를 향한 믿음은 심지어 다음 세대를 위해서까지 온 힘을 다해 노력하도록 동기를 부여하고, 이는 우리 아이들을 위한 미래를 개선하는 데 기여한다. 적당한 장밋빛 전망은 낙관주의자들을 연대하게 만드는 최고의 자극제다. 그들은 세상을 사회적 시장경제의 장이자 상어가 득실대는 수족관으로 이해한다. 그리고 그들과 그들의 친구가 그 수족관에 빠지지 않도록 보살핀다.

낙관주의자는 지진을 미리 감지하는 지진계처럼 불쾌한 일이 다가오고 있다는 걸 감지하는 직감이 있다. 또한 낙관주의자는 물어야 할 때 확실하게 무는 법도 안다. 낙관주의자는 공격과 방어, 양쪽 능력을 모두 구사할 수 있어야 한다. 앞서 말했듯, 낙관주의자는 항상 기분 좋기만 한 곰돌이 푸가 아니다. 그리고 그 점을 누구보다 그 자신이 잘 알고 있다.

대니얼 카너먼이 낙관주의에 보낸 최고의 찬사는 과언이 아니다. 그는 낙관주의가 미래지향적이며 확산돼야 마땅하다고 생각했다. 그리고 이 책 또한 그의 견해와 일치한다. 당신이 자녀를 위해 딱 한 가지 소원을 빌 수 있다면, 낙관주의자가 되길 바라야 한다고 카너먼은 말한다.

투자 컨설팅의 귀재 토머스 그뤼터 Thomas Grüter 는 인터뷰에서 금융업에서 낙관주의는 가장 중요한 필수 영양분이라고 강조했다. 낙관주의는 내가 지금 이 일을 올바르게 하고 있다는 확신을 줌으로써 실패와 성공 사이의 웅덩이를 뛰어넘을 수 있도록 도와준다는 게 그 이유였다. 그는 낙관주의 없이는 건강한 자기 신뢰도 존재할 수 없다고 주장했다.

낙관주의에 관한 진부한 표현이 하나 있다. "낙관주의자는 물이 반 컵 차 있다고 말하고, 비관주의자는 물이 반 컵 비었다고 말한다." 근본적으로는 맞는 말이다. 그리고 현실론자라면 그 컵을 다시 한 번 샅샅이 조사할 테고, 항공 엔지니어라면

"이 컵은 실제 필요보다 두 배나 더 크다. 그러니 크기를 줄여서 무게를 덜어보자!"라고 메모를 남길 것이다. 이 재치 있는 비유는 우리가 낙관주의만 고집하는 게 능사는 아니라는 것을 의미한다. 회의적 시각을 포함한 서로 다른 관점이 낙관주의와 어울려야 더 좋은 결과를 이룰 수 있다. 추진할 프로젝트에 대한 낙관적 접근, 실현 가능성에 관한 비판적 성찰, 그리고 돌파력과 무분별한 비판을 막아낼 수 있는 방어력이 수반될 때, 성공적 직장생활을 위한 역동적 사중주가 연주될 수 있다. 수많은 성공의 역사엔 어김없이 이 사중주가 울려 퍼졌다.

낙관주의, 비관주의, 그리고 이른바 '저먼 앙스트German Angst'라고 불리는, 잘 알지 못 하는 일에 관한 독일인들의 막연한 불안감마저도, 함께 짝을 이루면 우리 모두에게 이득을 가져오는 하나의 동력이 될 수 있다. 이것이 내가 낙관주의 연구를 하면서 깨달은 바다.

일상에서 낙관주의는 미래의 발전에 관한 긍정적 기대를 뜻한다. 연구에서 말하는 낙관주의 또한 이와 다르지 않다. 우리 연구의 주된 연구 분야는 두 가지였다. 첫 번째는 왜곡된 긍정주의였다. 우리는 먼저 미래를 바라보는 사람이 팔짱을 끼고 행운이 저절로 찾아오길 기다리는 걸 낙관주의라고 생각하는 전형적 착각을 들여다보았다.

이 왜곡된 긍정론은 한 젊은이와 상담을 하는 중에 발견되었다. 사랑 많은 부모는 그가 외국 사립대학에서 경제학 공부를 할 수 있도록 기꺼이 학비를 대주겠다고 했다. 하지만 그는 그걸 원치 않았다. 그는 노력 없이 성공하겠다는 계획을 하고 있었다.

"당신은 왜 아무것도 하지 않으려고 하는가? 대학도, 복수전공도 왜 다 마다하는가?" 그 질문에 그는 대답을 쏟아냈다. "나는 슈퍼스타가 되거나 로또에 당첨될 거니까요. 그럼 훨씬 빨리 부자가 될 수 있어요." 그는 상속도 염두에 두고 있었다. 부유한 기업가 집안의 후계자인 그에게는 성공엔 땀이 필요하고, 아무리 특권층 자녀라 하더라도 예외가 될 순 없다는 걸 알려줄 조언자가 필요했다. 아무것도 하지 않고 팔짱을 낀 채 빛나는 미래를 꿈꾸는 것은 '패배자 레시피'란 걸 알려줄 사람이 있어야 했다.

두 번째 연구 분야는 낙관주의를 개인성향으로 이해하는 현상이었다. 여기서는 낙관주의의 서로 다른 특징과 그 결과를 탐구했다. 그 특징이 어떻게 생겨났느냐를 파악할 때 사회화 이론의 관점을 포괄적으로 차용했다. 사회화는 인간의 발달을 해석하는 근거가 될 뿐 아니라, 낙관주의자의 방식이 어떻게 성공하는가를 설명하는 이론이기 때문이다. 또한 낙관적 삶의 태도를 방해하는 장애물 또한 사회화를 통해 설명할 수 있었다.

이 연구를 수행하기 위해서 라인골드 연구소는 낙관주의에 관한 형태학적 심층 인터뷰를 분석했다. 인터뷰의 주제는 "얼마나 많은 종류의 낙관주의가 있는가?"였다. 응답자 모두 교육수준이 일정수준 이상이었고, 낙관주의라는 추상적 주제에 관해 제대로 된 의견을 피력할 수 있을 만큼의 언어적 표현능력을 지닌 사람들이었다. 연구소는 인터뷰 과정에서 심층심리학 형태론적 접근법을 따랐다. 응답자들이 본래 의도한 바는 가급적 가감 없이 옮겨졌다. 그리고 흥미로운 결과를 몇 개의 항목으로 간추리자면 다음과 같다.

- 낙관주의는 몇 가지 유형으로 분류될 수 있다.
- 많은 사람의 태도를 '파생적 낙관주의'로 설명할 수 있다.
- 낙관주의자들의 사생활이나 직장생활에서는 자신이 평균 이상으로 훌륭하다고 생각하는 '평균 이상 효과Above Average Effect'가 공통적으로 발견된다.

무엇보다 낙관주의가 존재한다는 사실에 의문을 제기하는 면담자는 아무도 없었다. 극단적 비관주의자들 몇몇이 의심을 내보이긴 했다. 사실 이런 불평꾼들은 회사에서조차 자신의 뒤틀린 심보를 그대로 드러내는 사람들이다. 하지만 그들마저도 낙관주의가 확산하는 힘 앞에선 놀라움을 드러냈다. 세계적 관점에서, 독일어권을 낙관주의의 성지라고 할 수는 없을 것이다. 그러나 독일어권에도 사람들이 유쾌하다 못해 과할 정도로 흥이 넘칠 때가 있다. 스위스의 취리히 축제나 뮌헨의 옥토버페스트, 그 외에도 여러 카니발에서 그런 사람들을 흔히 볼 수 있다. 국가적 혹은 세계적 위기와는 무관하게 많은 사람이 이 기간만큼은 실컷 웃고 장난을 치고 긍정적인 미래를 꿈꾼다. 그리고 그들의 경험은 행사가 끝나고 그들이 직장으로 돌아간 뒤에도 많은 영향을 미친다. 형태학적 영향 연구는 바로 이 기분을 개념화하고 심리적 현실과 일상을 구체화하려 시도했다.

- ▼ 응답자는 어떻게 생각하는가?
- ▼ 그들의 동기는 무엇인가?
- ▼ 그들의 결정 과정에 영향을 미치는 것은 무엇인가?
- ▼ 그렇게 함으로써 그들의 낙관적 시각은 어떤 영향을 받는가?

이 질문에 대답하기 위해 라인골드 연구소의 공동 창립자이자 낙관주의 연구자인 슈테판 그뤼네발트Stefan Grünewald의 견해를 물었다. 그는 수년간 여러 주제의 연구를 두고 그 내용적 의미와 영향요소를 파악하는 업무를 맡아왔다. 그가 하는 분석의 목표는 연구대상을 명시적으로 표현하는 일이었고, 이번엔 낙관주의가 그 대상이 되었다. 이 책에 활용된 연구는 총 236개의 심층 인터뷰를 평가한 결과다. 그중 32개는 낙관주의라는 주제에만 한정하여 진행된 인터뷰다. 거기에 연구소가 진행한 세 가지 다른 연구 중 공통적으로 낙관주의를 주제로 한 인터뷰 204개가 추가되었다. 애초 그 연구들은 독일인의 정체성, 동서갈등, 정치적 의견 형성 등을 주제로 진행되었으나, 그 과정에서 미래에 대한 믿음이나 낙관주의를 주제로 한 답변이 튀어나온 것이다. 개별탐구와 그룹탐구를 통해 라인골드 연구소의 심리학자들은 어떤 심리적 영향이 낙관주의자의 기본태도를 만드는가를 탐구했다.

독문학자 산드라 리히터Sandra Richter가 쓴 『낙관주의 찬양』은 낙관주의의 역사적, 철학적 측면을 부각시켰다. 유니버시티 컬리지 런던의 뇌과학자 탈리 샤롯Tali Sharot이 쓴 『낙관적 뇌』, 마티아스 호르스Marthias Horx의 『미래 낙관주의』 역시 많은 영감을 제공했다. 자기 경영 전문가인 니콜라우스 엥켈만Nikolaus

지적인 낙관주의자

Enkelmann의 낙관주의의 관점에서 직장생활을 분석한『낙관주의는 의무다』도 도움이 되었다. 미국 심리학자인 마틴 셀리그먼은『낙관주의자들이 더 오래 사는 이유』에서 낙관주의가 성공을 더 오랫동안 유지할 수 있는 비결임을 밝혀냈다. 이 책에서 그는 낙관주의도 학습이 가능하다는 통찰을 제공했다. 감정소통 전문가인 한스 우베 쾰러Hans-Uwe Köhler는『우주에 흔적 남기기』에서 혁신적 행동을 독려하는 데 낙관주의만큼 막강한 에너지원이 없다고 예찬했다. 낙관주의 없인 혁신도 없다는 게 그의 신조다.

마지막으로 미국 심리학자이자 노벨 경제학 수상자인 대니얼 카너먼을 거론하지 않을 수 없다. 그는 자본주의의 긍정적 동력이라는 관점에서 낙관주의의 의미를 발굴했다.『생각에 관한 생각』에서 그는 낙관적 기질을 직장생활의 모든 장애물을 뛰어넘는 불굴의 의지로 표현한다.

이들은 '왜 낙관주의자가 다른 사람보다 더 많은 성과를 거두는가'란 질문에 대답을 찾아가는 길에 기초가 되었다. 낙관주의는 지금까지 과소평가 받아온 능력이다. 이 책은 당신에게 낙관주의의 혁신적 효과를 알려줄 것이다. 그리고 그 효과는 이 책을 읽는 당신이 당신만의 아이디어를 성공적으로 실현하는 데 필요한 힘과 용기를 제공할 것이다.

불평과 비관으로
바뀌는 것은 없다

낙관주의와 비관주의는 동전의 양면이다. 혹은 애증으로 얽히고설킨 관계다. 낙관주의자들은 회의적 참견이 없다면 금방 도를 넘어버리고 만다. 비관주의자들은 드러내진 않지만 그들이 걱정하는 것만큼 만사가 나쁘게 돌아가지만은 않는다는 걸 알려준 희망에 감사한다. 하지만 그들은 나쁘게 돌아가는 일도 많이 알고 있으며, 그래서 자신들의 까다롭고 비판적이고 신중한 태도가 낙관주의자들의 장점을 능가한다고 느낀다. 한편, 낙관주의자들은 비관주의자들의 그런 우월감이 짜증스럽다. 그 우월감에는 역사적 뿌리가 있다.

예나 지금이나 낙관주의는 지적이지 못하다는 의심을 받는다. 학자, 전문가, 그리고 언론인 등 좀 배웠다는 사람들은 일단

지적인 낙관주의자

만사에 회의적 경향을 보이며 비판적 보고를 신뢰한다. 산드라 리히터에 따르면, 지성인들 사이에선 '우울한 프로젝트 = 멋있다'는 공식이 통한다. 반면, 긍정적 생각은 순진한 무심함의 표현이며, 억지로 분위기를 띄워보려는 무모한 노력의 흔적일 뿐이다. 1938년에 개봉한 〈낙관주의자〉라는 영화에서는 어떤 사기꾼이 순진한 몽상가에게 접근해 아무 쓸모없는 땅을 유전으로 속여 판다. 전형적인 몽상가는 그 말에 넘어간다. 그의 아내가 원한 건 '일주일에 80마르크를 벌 수 있는 작은 가게'였다. 하지만 그 남편의 머릿속엔 이미 '1,000만 마르크짜리 거래'에 관한 망상이 들어앉은 뒤라 바라봤자 소용없었다.

이처럼 낙관주의는 현혹과 착각의 동의어로 여겨졌다. 이러한 낙인의 기원은 1646년으로 거슬러 올라간다. 당시 독일 철학자 고트프리트 라이프니츠Gottfried Wilhelm von Leibniz는 인간에 대한 선의를 갖고 있었다. 그는 우주적이고 거대한 낙관주의를 역설했다.

"사람들아, 자연과 운명을 찬양하기에 충분한 유머감각을 가지라. 가끔은 다른 것이 더 좋아 보일 때조차 비난하지 말라. 자기가 살고 있는 나라의 불평꾼 숫자를 늘리는 데 힘을 보태선 안 된다."

세상을 불평꾼들을 위한 것으로 여겼던 당시 사람들은 그의 말 하나하나가 선동적이라고 느꼈다. 하지만 라이프니츠는 그 반대였다. 그는 『신정론』을 통해 신의 전지전능함과 지혜, 선함을 증명하려 했다. 우리의 세계는 신이 가진 최상의 지혜로 선택한 '신의 최선'이라는 게 그의 주장이었다. 이미 신이 기초를 마련해놓았기 때문에, 세상의 모든 존재는 서로 조화롭게 상생할 수 있다고도 했다. 선한 신이 만들어 놓은 세상에 필요한 것은 낙관주의자, 즉 신이 모든 준비를 갖춰놓은 세상이 자신들에게 최적의 공간이란 걸 믿을 만큼 낙관적인 인간이다. 비판철학의 창시자 이마누엘 칸트Immaunel Kant도 1759년 『낙관주의에 관한 시론』에서 라이프니츠의 사상을 지지했다. 낙관주의라는 주제는 사상가들을 매료시켰고 판타지를 자극해 때론 기이한 생각을 낳기도 했다.

낙관주의는 좋은 쪽으로 생각하는 인간상을 제시한다. 당연하게도 문화, 경제, 사회 분야에서 놀라운 일을 해내며 두각을 나타낸 많은 사람이 낙관주의가 제시한 인간상에 부합한다. 뿐만 아니라, 잘 알려지지 않은 더 많은 사람이 시민의식과 호의로 비슷한 일을 해내곤 한다. 네덜란드 태생의 영국 의사 버나드 맨더빌Bernard Mandeville이 제시한 '맨더빌 파라독스'에 따르면 나쁜 행동은 물론 심지어는 범죄도 긍정적인 사회 작용을 일으키는 자극제가 된다. 사회가 힘을 모아 그것을 억제하고 그와 반대되는 어떤 조치를 취하기 때문이다.

장 자크 루소Jean-Jacques Rousseau는 1762년『에밀』에서 천성이 착한 사람의 모습을 묘사했다. 그에게는 행복한 삶을 위한 모든 조건이 갖추어져 있었다. 하지만 처음엔 잘못된 문화가, 그리고 그다음엔 부패한 사회나 무절제한 경제가 그를 퇴보시키고 악당으로 만든다. 루소에 따르면, 퇴보가 진행되는 것을 막는 것이 교육과 학교의 과제이며 인간에게는 사회화 과정이 반드시 필요하다. 이 책이 사회화에 관한 고찰에 많은 비중을 둔 이유도 여기에 있다. 진정한 진보적 낙관주의자는 우리의 경제적, 사회적 삶이 완벽에 이르도록 발전할 수 있다고 예상하는 사람이다. 그 속도는 느리지만 멈추지는 않을 것이다.

찰스 다윈Charles Darwin의 적자생존 개념은 이에 이의를 제기한다. 그의 초점은 강자와 약자 간의 생존경쟁에 맞춰져 있었다. 누구나 직장 내 생존경쟁에서 다른 사람을 제치고 항상 승리하는 '팔꿈치 워리어'를 한 명쯤은 알고 있을 것이다. 라인하르트 슈프랭어Reinhard K. Sprenger가 제시한 것처럼 좀 더 지적인 경영전략이 있음에도 불구하고, 부정론과 비관론의 위력은 여전히 세다. 미셸 푸코Michel Foucault는『감시와 처벌』에서 "인간은 다른 사람을 개선하고 전향시키기 위해서 그들에게 나쁜 짓을 할 준비가 돼 있으며 심지어 학대할 수도 있다"고 주장했다. 푸코에 따르면 18세기엔 이런 일도 있었다.

👁 "드디어 그는 네 갈래로 찢겨졌다",《암스테르담 신문》이 보도했다. "동원된 말이 그런 작업에 익숙하지 않았기 때문에 그를 찢기 위해 네 마리 대신 여섯 마리의 말을 동원해야 했다. 그러나 그것도 불충분해서 죄수의 넓적다리를 자르기 위해 근육과 관절을 여러 토막으로 절단해야 했다. (…) 하나님, 제발 자비를! 예수님, 살려주십시오! 고령에도 불구하고 그 불쌍한 죄인을 위로하는 데 한순간도 허비하지 않은 생 폴 주임사제의 배려는 구경꾼 모두를 감동시켰다."

국가가 저렇게 잔인무도한데 누가 미래를 낙관적으로 조망하겠는가? 이 음침한 프랑스인은 라이프니츠의 적수였다. 그에게 이 세상이 최선이란 믿음은 이단처럼 보였다. 그리고 그 이단의 신봉자들을 일컫는 새로운 이름이 필요해 보였다. 그래야 그들의 철학을 싸잡아 비난할 수 있었기 때문이다. 그래서 부정적인 의미를 듬뿍 담아 '낙관주의'라는 단어를 만들었다. 그는 이 단어가 '1755년 리스본 지진이나 기근, 전염병 등을 외면하는 순진하고 야비한 생각'에 적합하다고 생각했다.

역사가 낙관주의에 덧씌워놓은 부정적 개념은 오늘날까지도 전해진다. 프랑스 철학자 볼테르Voltaire가 1759년에 쓴 『캉디드 혹은 낙관주의』는 낙관주의를 향한 비판에 바치는 헌사다. 소설 속 주인공은 최악의 세상을 살아가는 인물이다. 그의 인생은 비관과 불행, 불공평과 슬픔, 야만과 섹스 그리고 폭력으로 가득하다.

> 항구에선 바다가 부글부글 솟구쳐 정박 중인 배들을 부수었다. 불꽃과 재의 회오리가 거리와 광장을 뒤덮었고 집들은 무너졌다. (…) 3만 명의 주민이 그 잔해에 암매장 당했다. "마지막 날이 왔군." 캉디드가 투덜거렸다. 선원 하나가 거침없이 폐허 한가운데로 뛰어들더니 죽은 자들의 옷을 뒤져 돈을 찾았다. 돈이 나오는 대로 자기 주머니에 집어넣고 그 돈으로 술을 마셨다. 그러다 술기운이 오르면 죽은 자와 죽어가는 자들 사이에서 찾을 수 있는 최고의 창녀를 찾아 욕정을 채웠다.

볼테르의 캉디드는 오늘날까지도 비극적인 재난영화 주

인공의 본보기로 여겨진다. 메시지는 분명하다. 여기는 최선의 세상이 아니다. 낙관? 정신 나간 소리! 캉디드는 회의론자들의 엔진에 기름을 부어준다. 그들은 현재 교도소에 갇혀 있는 수형자들의 숫자만으로도 이 세상이 악하다는 걸 증명할 수 있다. 그렇다면 라이프니츠는 사람이 사는 집이, 학교가, 대학이 교도소보다 많다는 사실을 들어 낙관주의를 방어할 것이다. 현실은 그렇게 나쁘지 않다고 말이다. 다윈 또한 분명한 낙관주의를 제시했다. 어떤 식으로든 인간의 고급문화가 원숭이 수준으로 떨어지는 일은 없을 거라는 게 낙관주의가 아니고 무엇이겠는가.

이렇게 낙관주의 개념을 이해하는 스펙트럼은 엄청나게 다양하다. 개념이 형성되는 수백 년 동안 여러 갈래가 생긴 것이다. 산드라 리히터는 "누군가는 그것을 순진하거나 부끄럼을 모르는 사람들이나 하는 생각이라고 여기고, 또 다른 누군가는 그것이야말로 바람직한 미래에 도달하기 위한 유일한 길이라고 생각한다"고 현대의 낙관주의를 정의했다. 그녀에 따르면 미래 낙관주의를 위한 기회는 현실과 이상 사이 낙관적 중간을 찾는 사고의 틀을 만드는 데 달렸다. 그는 그런 사고의 틀을 가진 인간을 낙관적 인간, 호모 옵티미스티쿠스Homo Optimisticus라고 부른다. 낙관적 인간은 한탄하지 않는다. 그는 참여하고 자

지적인 낙관주의자

신이 가진 자원을 책임감 있게 활용한다. 그는 자신이 만들어 갈 미래를 기대하고 불평꾼들을 잘 다독일 줄도 안다. 우리는 불평꾼들을 비판적 관리자, 준법감시인, 감사팀 팀장 등으로 부른다. 그리고 그리스 신화 속 인물들이 비판적 예언자 카산드라의 말을 무시한 것과 달리, 오늘날 우리들은 이런 사람들의 이야기를 진지하게 받아들인다.

당신이 그들을 제대로 파악하고 있어야만 하는 이유다.

비관주의자에게도
뛰어난 점이 있다

비관주의자들은 비판적 시각이 뛰어나다. 그들의 눈은 약점에 유독 민감하기 때문이다. 그래서 회사는 때때로 비관주의자 특유의 고도로 발달한 기능을 높이 평가한다. 그들은 위험요소나 법적 충돌 가능성, 그리고 함정이 숨어있을 수 있는 계약서의 작은 글씨로 된 조항에 집중하기 때문이다. 그들은 세상의 모든 단점에서 눈을 떼지 않는다. 특히 경찰이나 교도관 같은 직업군엔 비관주의자들이 많다. "온통 범죄자들뿐이에요. 여기선 누구도 믿을 수 없죠. 사기꾼들이 너무 많아요!" 네덜란드 소년원의 교도관장 하멜른은 전체회의 내도록 불평불만을 늘어놓았다. 그리고 그의 직장에서 그의 말은 과장이 아니었다.

이 말을 거꾸로 하자면, 회사는 낙관주의자들을 관리자, 회

지적인 낙관주의자

계부서, 법무부서에 두는 것을 포기해야 한다. 이 말은 곧 신뢰성을 기반으로 한 직업에는 낙관주의자를 채용할 수 없다는 의미와 같다. "영수증은 첨부하실 필요 없습니다. 당신 말이 맞는 것 같네요." 재정부 공무원의 입에서 이런 말이 나올 일은 절대 없을 것이다. 재정부 공무원들은 비관주의자들의 평범한 원칙, 즉 모든 시민은 잠재적 탈세범이라는 공식을 따르기 때문이다. 이 분야에선 비관주의자들이 그야말로 대활약을 펼치고 있다.

비관주의자들의 인간관에 따르면, 내 옆자리 다정한 동료도 한순간에 악당이 될 수 있다. 보안이나 감시 분야에서 비관주의자들이 스타가 될 수밖에 없는 이유다. 이슬람 극단주의자들의 테러 모의를 호의적으로 해석하려 하는 행정안전부 장관을 상상할 수 있는가? 경찰청장이 조직폭력배 단원들을 체포하는 대신 먼저 그들과 대화로 소통하길 원한다면 어떨까? 구조적 비관론은 확실히 낙관적 리더십보다 경쟁우위에 서 있다.

하지만 습관적으로 징징거리는 사람들은 정말 거슬린다. 어떤 사람들은 틈만 나면 큰소리로 투덜댈 준비를 하고 있다. 그들은 특히 직장 분위기가 안정적일 때 열성적으로 불평불만을 늘어놓는다. 그렇게 해도 일이 잘 굴러가기 때문이다. 냉소주의자, 아이디어 킬러, 불평꾼 등이 비관론의 파괴적 면모를 드

러내는 대표적 캐릭터다. 미국 저술가 에릭 한센Eric T. Hasen이
묘사한 사람은 우리도 한 명쯤은 알고 있을 법한 인간형이다.

"누군가 새로운 아이디어를 책상 위에 올려놓으
면 그 앞으로 사람들이 몰려든다. 동료들은 크게
숨을 들이마시곤 무서운 속도로 그 제안에 달려
들어 이리저리 물어뜯는다. 제안자의 마지막 자
존심이 작은 부스러기가 될 때까지."

하지만 지적인 낙관주의자에게는 이런 일이 일어나지 않을
것이다. 그들은 절대 정신 나간 아이디어나 준비가 덜 된 혁신
적 제안을 호사가들 앞에 내놓지 않기 때문이다. 만약 낙관주
의자가 사장이라면, 그는 그저 자기가 말하고자 한 바를 말할
것이다. 그는 불평꾼들의 참견을 아예 못들은 체하고, 신랄한
비판은 눈곱만큼만 감안하면 그만이기 때문이다. 낙관주의자
가 사장이 아니라면, 제안을 모두에게 선보이기 전 먼저 결정
권자나 기업의 고위층에 보고하고 동의를 받는 절차를 밟을 것
이다. '위에서 결재한' 내용이라는 점을 방패로 삼는 것이다.

세바스티앙 자일러는 자신의 콘텐츠에만 집중했다. 자

　　　　　　　　　　　　　지적인 낙관주의자

신만의 색깔과 장점이 있다고 생각했기 때문이다. 하지만 지난번 회의에선 그 누구도 그를 도와주지 않았고, 아이디어 킬러들이 그를 향해 달려들었다. "예를 들어서, 완성된 영화가 방송국을 통해 방영된다고 가정해 보자. 너는 밤새 작업에 매달릴 거야. 그리곤 영화를 편집국에 갖다 주겠지. 아마 성취감을 느낄 수 있을 거야. 방송국에서도 영화가 좋다고 하겠지. 나중에 연락이 와서 "다 좋은데 말이야…"라고 하기 전까지는. 사실 그때부터 시작이야. 영화에 등장한 석탄광산은 1975년이 아니라 1976년에 개장을 했다거나 (…) 스프에서 머리카락이 발견됐다는 식의 사소한 트집을 잡을 거야. 그러고 나면 그다음 사람이 자신의 비판능력을 증명하려 들겠지. 자기 상관에게 존재감을 드러내야 하니까. (…) 그리고 그 사람이 하는 말은 무조건 그 전 사람보다 세고 날카로울 거야. 마지막으로 그들은 그 영화를 방송으로 내보내는 건 무책임한 일이라고 말할 거야."

불평불만의 산사태를 일으키는 사람과 하는 이런 회의는 다른 사람들의 사기를 바닥까지 떨어뜨려놓는다. 반면, 불평꾼들은 불평을 하면 할수록 기세등등해지고 자신들의 불만이 다른 사람에게 서서히 스며드는 데서 쾌감을 느낀다. 이런 불평꾼들과는 미리 거리를 두는 것이 상책이다. 낙관주의자라 할지라도 그런 사람들 곁에선 절망할 수밖에 없기 때문이다.

다행이 당신이 그들보다 위계상으로나 관계상으로 우위에 있다면 그들의 불평불만에 관심을 보이는 사람이 없도록 예방적 조치를 취하는 것이 좋다. 혹은, 당신이 참석할 회의와 같은 시간에 불평꾼들에게 더 중요한 어떤 약속이 있다는 걸 상기시켜 줄 수 있다면 그것도 훌륭하다. 또는 회의 시간이나 일자, 장소 등을 잘못 공지하는 것도 한 방법이다. 다소 불공정하게 느껴질 수도 있지만, 프로젝트를 건설적으로 완수하는 데 도움이 되는 가장 간단한 방법이다. 자일러 씨처럼 불평꾼들의 건망증을 활용하는 것도 방법이다.

ⓔ 아기가 칭얼대면 일단 '그래, 그래, 해줄게, 해줄게'라는 말로 달래고 보는 것처럼 일단 영화의 한 부분을 잘라냈어요. 그리고 다음 회의에서 어딘가 달라진 영화를 보여줬어요. 그들은 자신들이 지난번 회의에서 뭐라고 불평했는지 잊어버렸기 때문에 뭐가 달라졌는지도 모르더라고요. 그래도 어딘가 달라졌다는 점에 만족하

지적인 낙관주의자

는 듯했어요. 한 번은 이전번과 완전히 똑같은 영화를 틀어본 적도 있어요. 아무것도 달라진 게 없는데도 영화가 끝나자 '훨씬 낫군!' 하더니 낮은 목소리로 뭐라고 한 줄 알아요? '그런데 이번 건 너무 무섭지 않나?'

이런 부류의 사람들을 미워할 수도 있다. 하지만 미움 때문에 다른 한편으로 그들의 거는 태클에 필요 이상으로 주의를 기울이게 된다. 그들은 겸손한 척 말하고, 한탄하거나 원망하고, 자신의 인내심을 자화자찬한다. 그들은 계속해서 토론하고 뒤를 돌아본다. 그래서 근본적으로 그들이 스스로 해내는 일은 아무것도 없다는 걸 아무도 눈치채지 못하게 만든다.

그들은 비평가로 위장해 자신의 약점을 덮는다. 스스로 무언가를 만들어낼 수 있는 능력은 없다. 하지만 낙관주의자 앞을 가로막는 최대적수다. 사회생활에서 이들을 처리하는 가장 좋은 방법은 그들의 비건설적 태도가 중요한 결정 과정에 악영향을 미치지 못하도록 무력화하는 것이다. 잘못된 타이밍, 잘못된 지점에 불쑥 치고 나오는 파괴적 비관주의자들 탓에 전체 회의가 곤경에 빠지는 것을 막으려면 반드시 필요한 조치다.

애석하게도 잘못된 시점, 잘못된 장소에 있다가 곤경에 처하는 경우는 일상에서도 비일비재하다.

ᐁ   휴가지에서 현지 주민들로부터 악의적인 대우를 받았
     다면, 당신은 잘못된 장소에 있는 것이다.
ᐁ   가족모임에서 출세한 사위를 원하는 심술궂은 장인의
     잔소리에 짜증 폭발 직전이라면, 당신은 잘못된 장소에
     있는 것이다.
ᐁ   당신이 회의에서 발표하는 내용과 관계없이 당신 업무
     를 늘릴 궁리만 하는 상관과 일한다면, 당신은 잘못된
     장소에 있는 것이다.

  이런 종류의 곤경에 빠졌다면 태도변화는 아무런 도움이
되지 않는다. 감정소통 전문가 한스 우베 쾰러는, 타인지향적
목표를 따르거나 잘못된 장소에 머무른 채로 우리가 우주에 흔
적을 남길 수 있는 방법은 없다고 말한다. 그는 회사 내 투덜이
들과 불평꾼의 문제점이 여기에 있다고 지적했다. 놀라운 점
은, 업무상 그토록 비관적이었던 사람들이 사적으론 원만하게
지낸단 사실이다. 이 놀라운 현상은 연구결과로도 증명되었다.
  호헨하임 대학교에서 진행한 설문조사 결과는 다음과 같다.
독일이라는 국가의 미래를 긍정적으로 전망한 독일인은 28%
에 불과했지만, 개인사와 관련해선 63%가 좋은 일이 생길 거
라고 예상했다.

이런 차이는 모순적으로 보인다. 하지만 보이기에만 모순적일 뿐이다. 인간의 뇌는 지칠 줄 모르는 문제해결사라, 보이는 모순을 척척 해결하기 때문이다. "청소년 비행이 심각하다고? 우리 아이는 잘 키우면 되지, 딩동! 피부암이 증가한다고? 자외선차단제를 사자, 딩동!"

공공장소에서 비관주의자인 불평꾼도 사생활에선 낙관주의자일 수 있다. 이러한 이중성을 받아들이려면, 먼저 직장에서 낙관주의는 업무상 발전에 미칠 수 있는 영향력과 비례하여 증가한다는 사실을 이해해야 한다. 임원이 결정한 내용을 직원이 그저 받아들일 때보다 임원과 직원이 함께 사안을 결정할 때, 직원들의 낙관적 태도가 강화된다.

그런데 사생활은 직장과는 다르다. 집을 장만하든, 휴가를 계획하든, 마당에 잔디를 깔든 간에 본인의 결정이 직접적으로 삶에 영향을 미친다. 그러다 보니 자신이 결정권자이자 실행자로 맡은 그 일이 실제로는 잘 안 됐더라도 잘 된 것처럼 느끼는 것이다.

많은 비관주의자들이 동료를 평가할 때는 비판적이지만 자신에겐 호의적인 까닭도 이러한 '우월감의 환상' 덕이다. 하지만 사회 전체를 바라볼 땐 다시 장밋빛 안경을 벗어버린다.

불평꾼 중에서도 건설적 불평꾼을 만난다면 그건 불행 중

다행이다. 그들과 함께 일하는 것은 즐겁기까지 하다. 그들은 도전적이기 때문이다. 건설적 불평꾼들은 합리적인 질문을 던진다. 음악당이나 신공항 건축, 지하철역 공사 등 천문학적 비용이 들어가는 건설공사에 의문을 제기하고 지출내역을 감시한 준법감시인이나 회계사들이 건설적 불평꾼에 해당한다.

그렇다면 건설적 불평꾼은 어떻게 구분할까? 그들은 비용절감에 기여할 수 있는 작은 역할을 선호한다. 그들의 설득에 넘어가 반대운동에 참여한 시민들이 늘어났다. 프로젝트를 향한 기대감을 무너뜨리거나 사업자체를 수포로 만들지 않고서도 반대는 가능했다.

트렌드 연구가인 마티아스 호르스는 기대감이 중요한 요소란 사실에 동의하면서, 미래적 낙관주의에 관한 완벽한 안내서를 작성했다. 그는 나쁜 세계화와 화폐몰락에 관한 이론을 반박했다. 미디어가 인간을 저능하게 만들거나, 빈부격차가 점점 심화될 것이란 예상도 반박했다. 현재의 인구학적 발전 추세가 문제를 일으킬 거란 주장도 반박했다. 사실상 그는 모든 주류이론을 반박했다. 미래를 좀 더 낙관적으로 바라봐야 한다는 게 그의 주장이다. 현재 미디어가 제시하는 현실구조는 "한 자리에 너무 오래 앉아 커피를 많이 마시는 사람들이 만들어 낸 것"이기 때문이다.

인구학적 변화를 예로 들어 보자. 과연 실제적인 위협일까? 나이가 들어서도 건강하게 사는 건 드라마에서나 가능한 일일까? 영양섭취를 잘 하고 흡연을 하지 않고 규칙적으로 운동을 하더라도? 모든 상황이 그렇게 비관적이며, 그 때문에 우리의 노후는 이미 위기에 처했고 현재의 모든 것은 재점검돼야만 하는 걸까? 이 모든 질문에 호르스는 분명하게 우리의 미래가 그렇게 어둡지 않다고 대답한다.

> "미디어로 주입된 의견과 편견, 미래의 종착역이 두뇌조작일 거라고 믿는 관습적 지식과 이별하라. 세계와 변화를 논할 때, 어찌됐건 모든 게 잘못될 거라고 얘기하는 사람들의 말은 하나도 믿지 말라. 당신 머릿속에 있는 '다시 시작' 버튼을 누르라."

호르스의 '다시 시작' 아이디어도 한 번쯤 시도해 볼 가치가 있어 보인다. 불평꾼이 되지 말아야 할 중요한 이유는 더 있다. 그들의 비관론은 자기방어적 성격이 강한데, 기대가 낮을수록 실망도 적은 법이란 생각에 기반해 있다. 이런 태도는 사람을 행복하게 만드는 게 아니라 작아지게 만든다.

지금까지 살펴봤다시피 비관론에선 얻을 게 그리 많지 않다. 이는 완전한 비관주의자가 극히 드문 이유를 설명한다. 실존주의자 혹은 문학이나 문화계 비평가들이나 비관론을 택하는 법이다. 그들은 심술궂은 명언으로 끊임없이 회자되는, 자신의 불평으로 먹고 사는 사람들이다. 그런 특이한 경우를 제외하고는 자진해서 많은 비용을 치르며 비관주의자의 길을 선택할 이유는 없다.

- 당신은 비관주의자가 아니지만, 건설적인 비관주의자를 높이 평가하는가? 그건 현명한 일이다. 그들과 가까이 함으로써 당신은 위협적 두려움을 미리 알려주는 조기 경보 시스템을 갖춘 셈이다.
- 머릿속으로 천문학적 비용 증가에 관한 시나리오를 짜본 적이 있는가? 그건 정말 훌륭한 일이다. 그렇게 함으로써 최악의 경우는 피할 가능성이 높아진다.
- 곤경에 처하거나 잘못된 장소에 있지 않으려고 노력하는 편인가? 대단하다. 곤경은 혁신에 쓸 수 있는 당신의 에너지를 탕진할 뿐이다.
- 아이디어 킬러들을 멀리 하려고 애쓰는가? 박수를

지적인 낙관주의자

보낸다. 의욕을 잃지 않고 업무상 바른 길을 갈 수
있을 뿐 아니라 일상에서도 유쾌한 기분을 유지할
수 있다.

낙관주의자의 사고 전략

　사람들의 사회생활은 대부분 그들이 표현하는 것보다 낙관적으로 굴러간다. 공식적으로 일이 어떻게 돼 가냐고 물으면 그들은 몸을 사리면서 회의적으로 답한다. 심지어 모든 게 잘 돌아갈 때조차, 내년엔 어떻게 될지 장담할 수 없다고 말한다.

　하지만 개인사를 물어보면 숨겨놨던 기쁨을 표현할 때가 적지 않다. 가족과 친구들은 든든한 버팀목이 돼 주고, 소득도 안정적이거나 증가하고 있다고 말한다. 정상적이고 안락한 삶을 즐기고 있으며, 가끔은 좋아하는 분야에서 사치를 부리기도 한다. 물질적인 면은 전부가 아니지만 많은 사람이 연말 상여금에서 기쁨을 느낀다.

　뇌과학자 탈리 샤롯은 당신이 가장 좋아하는 연예인과　키스를 할 수 있게 됐다고 상상해보라고 제안한다. 이 상상 속에서는 연예인 또한 당신의 키스를 기꺼이 받아들일테니 성추행으로 수갑을 찰 걱정도 없다. 이 역사적 사건을 언제 도모할지를 결정하는 것은 당신에게 달려있다.

지금 당장, 24시간 이내, 3일 이내, 1주일 후, 6개월 후, 아니면 10년 후?

응답자 대부분은 지금 당장 하진 않겠다고 답했다. 갑자기 하게 되면 너무 빨리 모든 것이 지나가버릴 것 같다는 게 그 이유였다. 그렇다고 10년 후를 선택한 경우도 드물었다. 그건 영원히 오지 않을 미래와 비슷한 느낌을 주었다.

압도적 지지를 받은 선택지는 '3일 이내'였다. 사흘은 예상 가능한 시간이므로 설렘을 즐기며 기다릴 수 있을 거라고 했다. 백일몽과 환상, 약간의 스릴과 엔도르핀의 증가를 온 몸으로 즐긴 다음, 마침내 키스! 탁월한 선택이다.

설렘은 낙관적 감정을 여러 갈래로 발전시킨다. 출근하는 사람들이 일요일이 아니라 금요일을 사랑하는 이유도 설렘에 있다. 금요일엔 남은 힘을 쥐어짜야 하고, 일요일엔 늦잠을 자고 일어나 잠옷 차림으로 침대에 앉아 뭐든 먹을 수 있음에도 불구하고 대부분의 사람들은 금요일을 더 좋아한다.

우리 모두가 잘 알다시피 일요일에는 설렘이 없기 때문이다. 반면, 금요일은 친구들과의 모임, 파티, 나만의 편안한 휴식 등 즐거움으로 가득한 주말을 예고한다. 낙관주의자들은 기대하기를 사랑한다. 비유적으로 말하자면 금요일을 더 좋아하고, 키스는 사흘 뒤로 미루는 사람들이다. 그런 기대가 그들의 행복감을 증폭시킨다.

설레면 기분이 좋아진다. 경제는, 그중에서도 마케팅은 그걸 정확하게 파악하고 있다. 에르메스의 가방은 긴 대기자 명단으로 유명하다. 대기 시간은 곧 설렘의 시간이다. 특별한 옵션을 추가한 스포츠카나 맞춤 양복에도 같은 법칙이 적용된다. 물론, 실제로 그런 물건들을 완성하는 데 시간이 걸리는 게 주된 이유다. 하지만 고객의 마음을 사로잡기 위한 마케팅 전략 또한 대기시간을 늘이는 데 한몫을 한다.

설렘은 설렘이고, 파생적 낙관주의는 또 다른 문제다. 파생적 낙관주의는 얼핏 모순적으로 보인다. 낙관주의 연구는 새로움에 맞서 의심부터 하고 보는 게 파생적 낙관주의자들의 기본 태도라고 설명한다.

미국의 사회학자 로버트 머튼Robert K. Merton에 따르면, 오래된 것은 더 이상 유효하지 않고 새로운 것은 아직 습득되지 않은 상태는 혼란스럽기 때문에 사람들은 그걸 불편하게 여긴다. 파생적 낙관주의자들의 의심은 일리가 있으며 정당하다. 경쟁의 승패를 가름하는 건 결국 예측이다. 직업의 세계에서 만사가 희망적일 순 없으므로 경쟁자까지 자기 예측에 동의하도록 만드는 사람이 승자다. 새로운 것을 의심하고 비판적으로 시험해 보는 건 현명한 전략이다. 낙관주의자도 마찬가지 전략을 사용한다.

혁신적 프로젝트는 즉흥적으로 실행되지 않는다. 다음 4단계 전략이 뒤따라야 한다.

1. 기회와 위험을 현실적으로 검토한다.

2. 결정을 내린다.

3. 낙관적 마음가짐으로 프로젝트를 추진한다.

4. 진행중에는 어떤 비판도 흘려듣는다.

일단 현실점검이 끝나면 터보엔진에 불이 붙는다. 처음부터 원칙에 따라 충분히 계산된 프로젝트는 결국 성공적으로 완수될 가능성이 높다.

낙관주의자들은 성격적으로 위기상황에 도움을 보태는 데서 즐거움을 얻는 경향이 있다. 어지러운 상황에서 낙관주의자 특유의 자질이 빛을 발하는 것이다.

금융위기에도 사람들은 예금을 지켰다. 분단 상황에도 통일을 이뤘다. 남쪽에서 난민들이 몰려오는 와중에도 오스트리아는 국경을 지켰다. 사회적 갈등은 국민투표를 통해 해소했다. 이 모든 것이 '심사숙고–결정–추진–비판무시'의 프로세스에 따라 통제기능이 발휘된 사례다.

긍정적 초점 맞추기

라인골드 연구소에서는 면담자에게 스스로를 얼마나 낙관적이라고 평가하는지를 수치로 표현해보게 했다. 전혀 낙관적이지 않으면 1, 매우 낙관적이면 10이다. 자기평가의 평균은 8에서 9사이로 나타났다. 반면, 주변에 관한 평가는 5에서 6사이로 다소 비관적이었다. 그중에서도 자녀, 가족, 결혼 등에 관한 평가는 높은 편이었지만, 사무실이나 영화관에서 내 옆에 앉은 사람에 관한 평가는 회의적이었다. 다른 사람들을 회의론자, 분위기 깨는 사람으로 보는 건 긍정적 초점 맞추기의 결과물이다. 자기 인식에선 스스로를 희망적인 인물로 평가하지만, 다른 사람들은 좀 더 회의적이라고 생각하는 것이다.

    "확실한 건 없어요! 나는 내 국민연금을 단 한 푼도 돌려받지 못할 거에요." 드레스덴에 사는 어느 공무원은 이렇게 주장했다. 안정된 노후가 보장돼 있기로 유명한 독일의 공무원이 노후 불안에 시달린다고? 그의 걱정은 근거가 없는 것이었지만, 그는 의심을 멈추지 않았다. 낙관주의자인 나는 그에게 내기를 제안했다. 정말 연금을 받지 못한다면, 내가 내 돈으로 두 달 치 연금을 지급하겠노라고. 대신 연금을 받게 되면, 내 계좌로 두 달 치를 보내달라고. 그는 잠시 생각할 시간을 달라고 했지만 아직 연락이 없다.

긍정적 초점 맞추기는 종종 최적화를 향한 열망으로 이어진다. 내가 좀 더 행복하길, 좀 더 날씬하길, 좀 더 근육질이길 바라는 마음에서 다른 사람들과 끊임없이 비교하는 것이다. 프랑스인들은 최고의 미식가가 되길 바라는 마음에서 요리에 관한 교양을 쌓았다. 마요르카 사람들은 지중해풍 느긋함을 연마했다. 미국인들은 "말해 봐요, 이루어질 거예요"식의 긍정적 실용주의자가 되었고, 이탈리아인들은 열정적이고 옷을 멋지게 입는다. 일본인들은 절제력이 강하고 사람 사이의 거리를 유지할 줄 안다. 덴마크인들은 어디서나 가장 행복한 민족으로 꼽힌다.

최적화를 향한 요구는 명예감정을 일깨워 좀 더 나아지려고 한다. 하지만 그게 꼭 더 행복해지는 길은 아니다. 최적화

열망은 긍정적 초점 맞추기의 어두운 면이다. 오히려 최적화로 가는 길이나 최적화된 상태를 유지하는 데 방해가 되기도 한다.

미래질문재단Stiftung für Zukunftsfragen의 연구결과는 자신은 낙관적으로, 타자와 사회는 비관적으로 바라보는 이 성향이 사회 발전의 흐름에 부합하는 것은 아니라고 설명한다. 실제로 어제와 오늘을 비교한 결과는 미래를 낙관적으로 전망하게 하는 희망의 단서에 가깝기 때문이다. 1990년과 오늘날을 비교해 보면, 전 세계에서 극빈층이 감소했다. 90년 19억이었던 극빈인구가 '겨우' 7억으로 줄었다. 세계 인구에서 빈곤층이 차지하는 비율도 47%에서 10%로 줄었다. 같은 기간 아동 1,000명 당 사망률도 90명에서 42명으로 줄었다. 세계적 쌀 연구가인 우안 롱핑Yuan Longping이 개발한 슈퍼 품종 덕분에 쌀의 수확량이 급증했으며, 척박한 지역에서도 쌀농사가 가능해지면서 배고픔은 점점 낯선 단어가 돼 가고 있다.

낙관주의자는 이런 종류의 긍정적 초점 맞추기의 대가다. 그들은 탐조등처럼 희망이 있는 곳을 찾아 비춘다. 자신의 프로젝트가 희망적으로 진행될 수 있다고 사기를 북돋운다. 초점 맞추기는 물론 자국의 강점을 발견하고 발전시키는 데도 적용된다. 독일의 엔지니어링 기술, 수출 경쟁력, 국가대표 축구

팀, 스위스와 오스트리아의 경제적 성공과 비스마르크 시대의 사회적 입법에서부터 시작되는 사회역사적 자산 등, 이 외에도 국가별로 자랑할 만한 것들이 많다. 이런 것들은 개인이 성공 역사를 쓸 수 있도록 안정적 울타리를 제공한다.

라인골드 연구소의 공동 창립자 그뤼네발트는 과거에 책임이 있는 나라의 국민들이다 보니 독일인들이 민족적 환희나 격정을 숨기는 경향이 있다고 설명했다. 그렇기 때문에 독일에서 특히 파생적 낙관론 연구가 발달할 수 있었다. 파생적 낙관주의자들은 브레이크만 거는 사람들이 아니다. 그들은 사회적 협력을 위해 진지하게 노력하고 준비한다. 함께 만들어 갈 사회가 성공할 수도 있다고 믿기 때문이다.

 ◐   결혼은 인생에 매우 중요하고 구속력이 강한 결정이다. 이혼율이 40%대에 육박하는 요즘에는 결혼 결심에 엄청난 용기가 필요하다. 많은 부부가 이별을 결심하고 자녀양육권이나 재산분할을 두고 다툼을 벌인다.

하지만 막 결혼한 신혼부부에게 묻는다면 누구나 이혼할 확률은 0%라고 답할 것이다. 정말로 비현실적이지 않은가? 이혼전문 변호사에게 묻는다면 좀 더 정확한 답변을 얻을 수 있을 거 같았다. 그들은 분명 현실을 알고 있을 테니 말이다. 하지만 매일 이혼과 관련된 일을 하는 사람조차 자신이 이혼할 확률은 0%라고 답했다!

낙관주의자라고 해서 이혼 가능성이 평균보다 낮진 않다. 하지만 그들이 재혼할 가능성은 분명 평균보다 높다. 평균 이상 효과 때문이다. 낙관주의자는 스스로를 다른 사람보다 매력적이라고 생각하고, 이런 자아도취는 다시 한 번 선택받을 수 있는 기회를 늘린다.

이런 희망은 허상일까? 그렇다면 우리가 이혼율 40%를 항상 머릿속에 새겨두고 일단 결혼은 하지 않는 게 좋을까? 신장개업 사업체의 대부분이 3년 안에 망한다고 하니 사업에도 손을 대지 말아야 하는 게 아닐까? 절대 아니다! 현실이 그렇다 한들, 우리는 용기를 잃지 말아야 한다. 다행히 낙관적 태도 덕에 그건 그리 어렵지 않다. 낙관주의가 마치 우비처럼 우리의 뇌를 감싸고 있기 때문이다. 낙관주의 우비는 부정적 생각을 튕겨낸다. 그렇게 방어된 긍정 두뇌 덕분에 인간은 부정론을 털어내고 실현 가능성, 희망, 문제 해결에 집중할 수 있다.

👁 작열하는 태양 아래에서는 선글라스부터 찾는다. 차단 전략이다. 너무 더우면 신체 냉각기능에 과부하가 걸

지적인 낙관주의자

리기 전에 그늘로 피한다. 우회 전략이다. 대기오염으
로 숲이 고사할 거라는 경고를 받아들여 온난화 대책
을 세우는 이유도 같은 원리다. (…) 우리의 뇌는 똑똑
할 뿐만 아니라 실용적이다. 어떤 결정이 내려지면 그
게 옳다고 믿는다.

   개업 3년 안에 3분의 2가 망한다는 것을 알면서도 사람
들은 계속해서 새로운 가게를 내고, 사업을 시작합니
다. 자신이 성공하는 3분의 1에 속한다고 그냥 믿어버
리는 거죠. 그리고 계속 시도하는 사람은 결국 지속적
인 보상을 받습니다. (…) 이들 개인의 낙관주의가 전
체 사회의 향상에 이바지하는 방식입니다.

우리의 뇌가 이렇게 작동하는 까닭은, 진화 과정에서 최상
의 해결책을 찾을 수 있도록 프로그래밍 되었기 때문이다. 위
에서 말한 사회적 향상은 눈으로 확인 가능하다. 낙관주의는
순진한 장밋빛 환상에 그치지 않고, 실질적인 문명수준의 향상
을 낳았다. 많은 나라에서 사회적 관용이 중요한 가치로 인정
받고, 교육기회와 의료혜택이 기본적으로 보장된다. 세계의 민
주주의와 복지는 지난 몇 세기동안 점점 긍정적 방향으로 발
전해 왔다. 하지만 이러한 진보는 엄청난 사회참여를 바탕으로

이뤄낸 발전이다. 지속가능한 형태로 모여 올바른 길을 가기 위해 낙관주의는 고군분투한다. 항상 성공하는 것도 아니다. 스스로 선택한 낙관주의자들도 때로는 용기를 잃는다. 위기일수록 낙관주의자들에게 쏟아지는 요구가 늘어난다. 위기에서 빠져나갈 길을 찾는 임무가 낙관주의자들에게 맡겨지기 때문이다. 때론 해결하리란 기대가 너무 커서 아무리 낙관주의자라도 숨통이 막힐 지경이다.

일상에서 낙관주의는 잠재력을 흔들어 깨운다. 이미 존재하던 것의 숨겨진 가치를 발견하고 발전시킬 길을 열기 때문이다. 일단 좋은 생각을 하면, 좋은 행동도 할 수 있다. 낙관주의자들은 그 '좋은 생각'을 쉽게 한다. 그렇다고 과장하거나 허세를 부리진 않는다. 성공을 거둔 다음 단기적으로 자랑스러워할 수는 있지만, 금세 그 결과에 의심을 품는다. 정말 모든 것이 훌륭할까? 개선의 여지는 없을까? 일과 생활이 균형을 이룬 걸까? 낙관주의자의 머릿속에선 수천 개의 질문이 꼬리에 꼬리를 물고 순회한다. 목표는 조금이라도 더 잘 하는 것이다. 이 목표 하나 때문에라도 낙관주의자가 사랑받을 이유는 충분하다.

비판적 질문의 전문가들

최적화된 목적지에 도달할 수 있을까 하는 의문이 사람을 위축시키거나 두려움에 빠뜨리는 게 아니다. 비판적 질문, 혹은 비판적 궁리는 파생적 낙관주의의 기본 전제다. 과연 이 일에 노력할 만한 가치가 있는가를 물어보는 일은 일종의 자기방어 수단이다. 잘못된 결정을 예방해 실패의 위험으로부터 자신을 보호하는 것이다. 만약 곰곰이 생각해 본 결과 노력이 아깝다는 판단이 든다면 에너지를 아끼는 편이 다음번에 찾아올 기회를 잡는 데도 유리하다. 비판적 질문은 낙관주의가 이상주의로 빠지는 것을 막아준다. 나무에서 감이 떨어지길 그저 기다리는 사람은 진정한 낙관주의자가 아니다. 낙관적으로 생각한다고 실행능력이 저절로 뒤따르거나 성공이 저절로 찾아오는 것도 아니다. 낙관주의는 선천적 재능이 아니다. 우리 정신세계의 속성상 24시간 내내 항상 낙관주의를 유지할 수는 없다. 낙관주의자에게도 하루에 몇 번씩은 침체가 찾아온다. 특히 사적 영역에서 운명의 직격탄을 맞았을 때 낙관주의는 하염없이 무너진다. 즉, 누군가 직업적으로 성공했다고 해서 그가 꼭 성공한 낙관주의자는 아니란 뜻이다. 사회적, 개인적, 경제적 영향 등 매우 다양한 요인이 낙관주의로 가는 우리의 발길을 막아선다.

세상은 끊임없이 변한다. 거기에 개인이 결정적 영향을 미치긴 어렵다. 그래서 전 지구적 변화가 우리를 몰아세울 때, 비관적 미래관이 자라난다. 그런데 낙관주의자들에겐 비관론이 엄습할 때 간단히 빠져나오는 기술이 있다. 시야를 내 나라, 내 지역, 내 주변으로 좁혀서 익숙한 곳에서 안정감을 찾는 것이다. 내가 손에 쥐고 있는 자산, 우리 집 내 방에 있는 재고는 안정감을 제공하는 중요한 기반이다.

12월 31일 자정 무렵 다가올 새해를 맞이하면서 마음속에 그리게 되는 최소한의 목표가 현상유지다. 많은 이들이 모든 게 더 나아지면 좋겠지만, 적어도 지금 같은 수준만 유지된다면 괜찮다는 소망을 품는다. 그것만으로도 정치적으로나 개인적으로나 안정적이고 유쾌한 기분을 느낄 수 있다. 사람들은 현 상태가 보장될 때 안전하다고 느끼기 때문이다. 현상유지는 만사가 훤히 보이는 고향동네 같은 것이다. 지구를 둘러싼 거대담론들은 시시각각 사람들을 긴장시킨다. 디지털화, 세계화, 기후변화 등은 너무 거대하고 포괄적이며 그 결론을 예측하기 어렵다. 그리고 거기서 파생된 위기와 도전들은 우리의 균형 감각을 흔들어놓는다. 컴퓨터 프로그래밍을 배워야 하나? 지금 전기차를 사야할까? 지구의 앞날을 논의한다는 국제회의에 참석해 볼까? 그럼 영어부터 완벽하게 해야 하는 게 아닐까? 인도와 중국, 남미 사람들도 협상에 나올까? 아니면 중간지점 어디선가 모여야 하나? 두바이가 적당하려나? 거대담론에 흔

지적인 낙관주의자

파생적 낙관주의

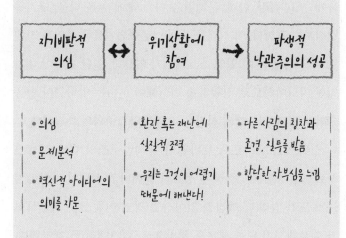

| 자기비판적 의심 | ↔ | 위기상황에 참여 | → | 파생적 낙관주의의 성공 |

- 의심
- 문제분석
- 혁신적 아이디어의 의미를 자문

- 환관 혹은 재난에 실질적 조력
- 우리는 그것이 어렵기 때문에 해낸다!

- 다른 사람의 칭찬과 존경, 질투를 받음
- 합당한 자부심을 느낌

자기비판 모드로 :
더 잘 할 수는 없었을가?

들린 개인은 그 어떤 것도 결정을 내릴 수 없다. "옳을까, 그를까?"만을 끝없이 묻게 되는 것이다.

낙관주의자들은 이런 혼란에 휘말리기 전에 일단 이성적 저울질의 시간을 갖는다. 그 일의 희망, 기대, 긍정적 전망을 한 축에 놓고 걱정, 한계, 문제점을 다른 축에 놓은 다음, 크기를 견줘보는 것이다. 이 시간을 통해 낙관주의자들은 불안을 기대로 바꾼다. 물론 이 일엔 스트레스가 따른다. 일단 결정이 내려지면 따라야하므로 정확하게 판단해야 한다는 압박감이 있을 수밖에 없다. 저울질의 시간은 파생적 낙관주의의 특징이다.

스위스 고트리브 두트바일러 경제연구소의 다비드 보스하르트David Bosshart 소장은 정보가 늘어나고 선택이 다양해지는 속도가 점점 더 빨라질 것이라고 경고한다. 그는 서구사회가 행복해지기 위한 새로운 처방으로 '덜어내기'를 제안했다. 정보와 자극을 덜어내고 전체를 조망하는 삶을 제안한 것이다. 그의 주장은 '생각은 지구적으로, 행동은 지역적으로, 삶은 현지식으로Think global, act regional, live local'라는 슬로건에 함축돼 있다.

그는 핵심에 집중하는 태도가 '비동기화desynchronization'에서 오는 혼란을 막아준다고 주장한다. 비동기화란, 사회를 구성하는 여러 주체가 서로 다른 속도로 움직이면서 일어나는 현상이

지적인 낙관주의자

다. 개인이 판가름할 수 없을 만큼 다양한 선택지가 제시되다 보니 너무 많은 가능성 앞에 사람들의 판단력은 위축되고 만다. 이런 상황 속에서 긍정적인 미래를 상상하기란 결코 쉬운 일이 아니다. '재고파악 = 안정성 = 낙관주의'라는 공식도 제대로 통하지 않는다. 이에 보스하르트는 '덜 쓰는 사람'이 됨으로써 더 나은 세상을 여는 열쇠를 찾는 낙관적 탐색을 시작하라고 권한다.

> "진정한 행복을 찾는 사람은 엘리트층의 폐쇄적 냉소주의와 하류층의 배타적 포퓰리즘을 동시에 배격한다. 그들의 올바른 태도는 예언의 자기실현성을 성취한다. (…) 그들은 두툼한 은행 통장을 좋아하면서도, 신분을 과시하는 상징에 현혹되지 않는다. 상징 대신 가치를 추구하는 '덜 쓰는 사람'이 사회 전체를 긍정적으로 변화시킬 수 있다고 보는 이유가 여기에 있다."

여기서 말하는 '사회 전체'는 낙관주의자들에게 중요하다. 그들은 사회 전체가 좀 더 나아질 때, 즉 일자리는 늘어나고 빈곤과 질병에 시달리는 사람들이 줄어들 때, 개인의 낙관적 삶의 태도도 안정적으로 유지될 수 있다는 걸 잘 알기 때문이다.

긍정적 참여가 단번에 결실을 거둘 순 없다. 그래서 낙관주의자들에겐 인내심과 실패에도 굴하지 않는 재능이 필요하다. 그들이 세상을 이해하는 바대로라면 잘못된 결과물은 대부분 그들 탓에서 비롯된 게 아니다. 전임자의 잘못된 결정이나, 잘못된 구조 혹은 외부의 탓이다. 이런 책임회피가 낙관주의자들이 어깨의 짐을 덜고 사는 데엔 도움이 된다. 이 논리구조에서 실패는 미래의 성공으로 가는 징검다리 중 하나에 불과하다.

긍정적 왜곡의 필요성

뇌과학적으로, 우리의 뇌는 근본적으로 더 많은 행복과 성공을 기대하도록 발달해왔다. 바로 이 기대감이 건강과 성공의 가능성을 높이기 때문이다. 긍정적으로 왜곡된 뇌는 복잡한 임무 앞에서도 성공적으로 완수할 수 있을 것 같은 기분을 느낀다. 카너먼은 사람들이 어려운 과제에 착수하려 할 때 무조건 이러한 왜곡이 일어난다는 사실을 발견했다. 그래야 새로운 것을 시도할 용기가 생기기 때문이다.

👁 　그들은 자신들은 통계에 해당되지 않을 거라고 믿는다. 한 연구결과, 미국에선 창업자 81%가 자기 사업의 전

망이 밝을 것이라고 예상했다. 심지어 3분의 1가량은 자기가 실패할 가능성은 제로에 가깝다고 예상했다. 하지만 초기 5년간 소규모 기업이 살아남을 확률은 35%에 불과하다. 사회 전체에서는 창업자들이 실패한다는 사실이 그저 나쁜 것만은 아니다. 그들의 사례를 통해 어떤 착오를 피해야할지를 배울 수 있기 때문이다.

물론 실패한 당사자에겐 큰 위로가 되지 않을지도 모른다. 하지만 그들의 실패는 잠재적 모방자들과 그들의 성공적 미래를 위해선 엄청나게 중요한 학습경험이다. 낙관주의가 안정적으로 유지될 수 있느냐 여부는 항상 개인적, 경제적, 그리고 사회적 경험에 달려있다. 이 세 가지 경험이 어떠한가에 따라 직장생활이나 사생활이 수월하게 굴러가기도 하고, 괜찮던 기분마저 상하기도 한다. 연말정산에서 예상치 못하게 세금을 더 내야 할 수도, 러시아에 경제제재가 내려질 수도, 회사 매출이 갑자기 쪼그라들 수도 있다. 혹은 번아웃 증후군Burnout Syndrome이 찾아와 무기력에 빠질 수도 있다. 이런 일들이 발생하면 낙관주의자가 알아서 비관에 빠진다. 하지만 파생적 낙관주의자들은 특유의 긍정적 초점 맞추기 능력을 발휘해 짧은 시간 안에 부정적 결과물을 털어낸다. 얻어맞은 흔적까지 말끔하게 지워버릴 순 없을 것이다. 하지만 "잘 될 것이다. 그러니 인생이 우리에게 또 어떤 좋은 것을 허락할지 기대해 보자!"

숨은 챔피언, 낙관주의

연구에 따르면, 때때로 낙관주의는 겸손하기에, '숨은 챔피언'이란 개념으로 이해해볼 수도 있다. 챔피언 앞에 '숨은'이 들어간 것은 우연이 아니다.

👁 사람들이 북해의 자동차 없는 섬인 랑게우그에서 보낸 휴가가 어땠냐고 물어왔을 때 나는 "괜찮았어. 특별할 건 없었어."라고 대답했다. 이쯤하면 질문자는 등을 돌리면서 이번 휴가도 언제나처럼 질트 섬으로 가야겠다고 마음을 먹는다. 성공! 그럼 나는 랑게우그의 한적하고 환상적인 자연을 만끽하며 개미 한 마리 얼씬대지 않는 쭉 뻗은 해안에 홀로 누워있을 수 있다. 카리브해의 성수기와 비교해도 뒤지지 않는 환경이다. 나는 질트 섬의 관광객들이 이 한적한 섬에 반하지 않도록 가급적 그 진가를 숨겨둘 것이다.

많은 선진국의 시민들은 국경을 넘는 인구의 이동으로부터 자국을 보호하길 원한다. 이민자들을 배척하는 것은 아니지만, 무방비로 국경을 열어놓는 것도 바라지 않는다. 여기서 핵심은 이민의 유입에 맞서기 위해 어떤 대책을 세울 것인가가 아니다. 물론, 그것 또한 고민의 하나이긴 하다. 그러나 가장 중요한 질문은 무엇이 됐든 이민자 유입을 막을 대책을 원하느냐는 것이다. 재고파악에서 안정감을 느낀다는 논리에 따르면, 변화는 미래의 장밋빛 전망을 훼손하지 않는다는 조건 하에서만 긍정적으로 평가된다. 목표 지향적 낙관주의(우린 반드시 대책을 세운다!)과 목표 지향적 비관주의(이민자가 너무 많고, 유입속도는 너무 빠르고, 그들 문화는 너무 낯설다!) 사이에서 균형을 잡는 게 문제의 핵심이다. 위기에서 올바른 길을 찾기 위해선 많은 노력이 필요하다. 파생적 낙관주의자들은 마음속으로 저울질을 한다. 심사숙고 행위는 잘못된 결정을 막는 최고의 방책이기에 반드시 거쳐야 한다.

독일 연방의회 의장 노어베르트 람메르트Norbert Lammert는 독일에 대해 "이 나라가 에덴동산은 아닐 테지만, 그걸 필사적으로 찾아다닌 사람들이 세상 그 어느 곳보다 자주 낙원으로 지목하는 곳이 여기, 독일이다. 그러니 독일인들은 좀 더 자부심을 갖고 좀 더 낙관적인 태도를 가져도 괜찮고, 행복을 만끽하진 않더라도 조금의 만족감은 허락해도 된다."고 말했다.

낙관주의자들은 그의 연설에 제한적으로 동의할 것이다. 개선 가능성을 항상 염두에 두어야 한다는 조건이 달린다면 전적으로 동의할 수도 있다. 무언가 개선하고자 하는 사람에겐 무엇보다 자신이 평균 이상이라는 믿음이 어느 정도 필요하다.

☞ 윈스턴 처칠은 자신이 평균 이상으로 똑똑하고 재치 있다고 생각하는 사람에 속했다. 어느 만찬모임에서 국회의원 낸시 애스터로부터 공격받은 일화가 유명하다. "내가 당신 부인이라면 당신 찻잔에 독을 타겠어요." 그녀가 말하자 처칠은 다음과 같이 받아쳤다. "내가 당신 남편이라면 그 차를 마시겠어요."

자신을 평균 이상으로 생각하는 믿음 또한 파생적 낙관주의의 일부분이다. 그 믿음은 자신감으로 이어져 어떤 공격이나 비난도 거뜬히 소화할 수 있도록 도와준다. 어디서나 스스로를 돋보이게 표현하는 능력도 키워주는데, 이는 직장에서든 사생활에서든 언제나 유용한 기술이다. 이와 관련해, 낙관주의 연구는 우리 모두에게 약간의 과대망상을 권한다. 특히, 실행력이 의심받을 때, 자기 능력을 실제보다 조금 부풀려서 인식하는 낙관주의자들은 그 상황을 쉽게 돌파한다.

지적인 낙관주의자

미국 학자 마틴 셀리그먼에 따르면 낙관주의자의 평균 기대수명은 비관주의자보다 19% 더 길다.

> "낙관주의는 자신의 선택한 바대로 인생에 길을 낸다. (…) 성공은 낙관주의자들의 몫이다. 그들은 더 많은 친구를 사귀고, 더 오래 산다. 돈도 잘 벌고, 자기 건강도 잘 챙긴다. (…) 어쩌다 상황이 나빠질 때도 그들은 유머를 잃지 않는다."

영구적 원인과 일시적 현상

낙관주의자는 긍정적 사건이 일어나면 거기엔 영구적인 원인이 있기 때문에 그런 사건은 앞으로도 계속해서 반복될 것이라고 해석한다. 예컨대, 나는 동료들로부터 인기가 많다. 그건 타고난 매력과 우월한 유전자 덕분이다. 물론 내가 오점 없는 완벽한 존재는 아니다. 하지만 타고난 매력과 우월한 유전자에 관한 믿음은 어떤 긍정적 흐름의 근원이 나 자신이라는 확신을 갖게 한다. 영구적으로 존재하는 유전자가 내 매력과 인기의 원천인 것이다.

하지만 우월한 유전자도 실패할 때가 있다. 그럼 그건 다른 사람의 능력 부족 때문이다. 자신이 평균 이상이라는 믿음의 논리구조는 단순하다. '성공 = 내 덕이다!, 실패 = 미안하지만, 너희 탓이야.' 당연히 이 생각을 다른 사람들에게 말하진 않는다. 이런 식의 책임회피는 현실과 어긋나고, 그 말이 옳다는 걸 낙관주의자들도 안다. 그래도 상관없다. 어차피 남들은 모르는 나만의 생각이다. 그렇게 생각하면 마음이 편하고, 걱정이 덜어지며, 편히 잘 수 있다. 자신의 실수에 관해 많이 생각하지 않아도 되기 때문이다.

낙관주의자의 예견능력은 사회생활에서 기회와 덫을 정확하게 분간한다. 그들의 자화자찬이 다소 나르시시즘으로 들릴 때도 있지만, 대신 다른 사람을 험담하진 않으니 그 또한 넓은 의미에서 장점에 해당한다. 좋은 일엔 영구적 원인이 있다고 믿는 낙관주의자 사업가는 한 번 성공하면 다음번 성공을 위해 계속해서 열심히 노력한다.

"나는 타고난 사업가입니다." 함부르크 출신 어떤 소매업자가 내게 한 말이다. 스포츠카를 전문으로 판매하는 베테랑 딜러 하나는 고객 상담 때마다 "내 피엔 휘발유가 흐른다!"고 주장한다. 이 두 문장 뒤에 숨겨진 메시지는 "그러니 나는 계속해서 성공할 것"이라는 것과 "나는 지금 얘기하는 분야의 전문가이니, 당신이 나를 선택한 건 정말 행운!"이라는 것이다. 낙관주의자는 최선을 다해 성공을 이뤄낸 직후에도 새로운 출발을 위해 시동을 걸 줄 아는 유형의 사람이다.

반면, 비관주의자는 만사가 잘못될 수 있다는 사실을 염려한다. 그들은 실패와 패배엔 영구적인 원인이 있으므로 항상 반복된다고 생각한다. "나는 공간개념이 없어요." 이케아에서 수납장을 찾아보다가 실패하고 아무 말도 없이 매장을 나온 젊은 사람은 체념조로 이렇게 단정했다. 이런 비관주의자들은 쉽게 프로젝트를 아예 접는 편, 그러니까 수납장을 사려던 계획을 엎어버리는 편을 선택한다. 그리고 의욕을 상실한다.

낙관주의자들은 오늘 가구를 사려던 계획이 틀어졌을 때, 그것을 일시적인 현상으로 받아들인다. "오늘은 이케아가 완전 복잡하고 산만하네. 원하던 가구를 찾지 못한 게 놀랄 일은 아니지. 다음번에 시간을 좀 더 넉넉하게 잡고 와야겠어. 안 되면 직원한테 도움을 받아야지." 낙관주의자에게 실패는 이렇게 가볍게 넘어갈 일이다. 낙관주의자의 심리적 태도는 매우 단순하다. "좋은 일의 원인은 영구적이고 보편적이다. 불행의 원인은 일시적이고 세부적이다."

이렇게 생각하는 기술은 마음속에서 솟아나는 비관론을 반박하는 도구다. 낙관주의에서 벗어났다 싶으면 코 위에 장밋빛 안경을 고쳐 쓰고 다시금 긍정적 사고의 차선으로 진입하는 것이다. 당신에게도 '내면의 독백 훈련'을 진심으로 권한다. 실천은 어렵지 않다. 일단 당신 머릿속의 비관론 하나를 종이에 적는다. 그리고 그 아래 그 부정적 생각을 보잘것없이 만들어 줄 긍정적 생각 다섯 가지를 적는다. 5 대 1, 축구에서 최고로 꼽는 스코어로 비관론을 격파하는 것이다.

하지만 조직 전체에 회의적인 사람을 해결하는 덴 이 방식이 먹히지 않는다. 그들은 온 세상에 짜증이 나 있는 상태다. 낙관주의자는 시스템 전체에 의심을 품지 않는다. 그들이 마음에 들지 않는 건 질문에 한가한 대답이나 늘어놓는 게으른 동료 한 명이다. 그런 문제는 적당한 기회에 그에게 협조적인 동료의 본을 보여줌으로써 해결할 수 있다. 문제를 긍정적으로 해결하면서도 협력이란 무엇인가를 제대로 보여줬다는 뿌듯함마저 느낄 수 있다. 세부사항에 초점을 맞추고 전체 배경은 뿌옇게 날리는 것이 낙관주의의 핵심이다. 이 기술을 구사할 줄 아는 사람에겐 여러모로 유익이 많다.

◎ 　한 중소기업이 구조조정을 통해 회사 규모를 줄였다. 시간제 근무자였던 나딘과 카스텐은 둘 다 구조조정 대상자였다. 구조조정을 당하자 그들은 둘 다 재정적 위기를 겪었으며 생활이 곤란해졌다.

　지적인 낙관주의자

하지만 둘이 미래를 꾸려나가는 방식은 달랐다. 나딘은 자신의 절망감이 가족에게까지 영향을 미치지 않도록 절제했다. 여유시간이 늘어나자 외모를 가꾸고 친구들과의 관계에도 좀 더 관심을 기울였다. 비용문제 때문에 더는 헬스클럽에 갈 수 없었지만, 대신 일주일에 세 번씩 강변을 따라 조깅을 했다. 스스로도 건강해지는 걸 느낄 수 있었다.

원래 파티를 좋아했던 나딘은 직장을 그만두자 집에 마음껏 손님을 초대할 수 있었다. 손님들은 그녀의 형편을 이해하고 위로해주었다. 그러자 그녀는 구조조정을 한결 편하게 받아들일 수 있었다.

카스텐이 택한 길은 달랐다. 사실 그는 아무것도 선택하지 않았고 그래서 그에겐 아무 일도 일어나지 않았다. 여유시간이 많은데도 아이와 놀아주지 않고, 모든 것을 등한시했다. 그는 자신의 불행을 한탄하며 지인들이 자신의 실직을 모르기를 원했다. 사람들이 지금 뭘 하냐고 물을까 무서워 초대는 모두 거절했다. "아무것도 안 해"라고 대답하는 게 두려워 자발적 고립을 택한 것이다.

둘 중 실직상황에 훌륭하게 대처하고 있는 사람은 누구인가? 실직 후에도 자신감을 유지하며, 미래에 새로운 일자리를 얻을 가능성이 높은 사람은 누구인가? 더 말할 나위 없이 상황의 승자는 나딘이다.

인생에서 실패를 맛본 이후에도 계속 전진해야 하는 걸까? 물론이다. 출근할 일이 사라져 남아도는 시간 동안 더 많은 파티와 축제를 찾아다녀야 하는 걸까? 딩동! 여유시간은 자녀를 중점적으로 돌보는 데 써야 할까? 무조건. 실패를 투명하게 공개하고 숨기지 말아야 할까? 당연하다. 친구들은 당신을 위로할 뿐 아니라 또 다른 기회를 알아봐줄 수도 있다. 그리고 당신이 초점을 맞춰야 할 곳은 어제 일어난 엄청난 좌절이 아니라 오늘 아침의 화창한 날씨다.

카스텐은 자신의 감정을 이와 정반대로 끌고 갔다. "나는 아무짝에도 쓸모가 없어." 이런 영구적 해석은 자신의 존재 전체를 싸잡아 비판하는 말이므로 무시무시한 영향력을 발휘한다. 카스텐은 이렇게 말했어야 한다. "개똥같은 회사가 나를 필요치 않는대." 그럼 상황이 훨씬 나아졌을 것이다.

나딘은 카스텐과 다르게 올바른 태도를 취했다. 그녀의 회복력은 마음에 들지 않는 상황의 고삐를 쥐고 인생 전체를 망쳐버리지 않도록 통제했다. 비록 쉽진 않았지만, 그리고 엄청난 인내심과 정신력이 필요한 일이었지만, 그녀는 결국 자신의 직업적 위기가 오히려 자신에게 유익하게 작용하도록 이끌어 나갔다.

평균 이상 효과

파생적 낙관주의는 자기 회의에 맞설 강력한 대안으로 평균 이상 효과를 찾았다. 평균 이상 효과란 스스로를 평균보다 훌륭하다고 생각함으로써 사회생활이나 사생활에서 상처를 덜 받는 삶의 태도다. 이렇게 생각하는 사람들은 자신이 다른 사람보다 운동신경이 뛰어나고, 똑똑하고, 체계적이고, 공정하며, 매력적이라고 생각한다. 물론 실제를 왜곡한 판단이다. 그래도 마음을 흡족하게 해주고 자신감을 북돋아주는 믿음이다. 기대 이상 효과로 마음이 코팅된 낙관주의자들은 그 어떤 비난도 쉽게 털어낸다. 그들이 더 많은 일을 도모하고 참여하는 비결이다.

물론 이런 태도 탓에 위험이 과소평가되는 부작용도 생긴다. 하지만 그건 그가 자기비판적 성찰을 병행하지 않아서 생기는 문제다. 자기비판적 성찰의 태도가 갖춰지지 않은 사람은 경제적 위험을 과소평가하거나 아예 인식하지 못한다. 평균 이상 효과가 과도하게 작용한 결과다. 그런 사람은 고지서가 날

아오기 전까진 추가 납부해야 할 세금을 계산에 넣지 않는다. 경쟁자 분석은 포기한다. 이렇게 위험요소를 무시함으로써 부담을 덜어낸 사람은 업무상 손실을 끼치기 쉽다. 계약서는 건성으로 훑어보고, 영수증과 장부가 달라도 큰 문제 삼지 않는다. 자기비판적 성찰 없이 오로지 평균 이상 효과만을 믿은 결과다. 과장된 자기 확신이 현실을 보는 시야를 흐려놓은 탓에 위기를 감지하는 조기 경보 시스템이 마비된 것이다.

원래 낙관적 오류는 우리 인생을 보다 가볍게 만들어준다는 점에서 매우 긍정적이다. 낙관적 오류 덕분에 우리는 끊임없이 위험 가능성을 생각하는 데서 벗어나 평화로운 일상을 영위할 수 있다. 비행기 추락? 전 세계에서 비행기가 뜨고 내리는 횟수에 비하자면 추락 사고는 매우 드물다. 건물화재 위험? 경보시스템이 있으니 괜찮다. 아이의 불행? 나처럼 행복한 엄마에겐 있을 수 없는 일이지. 이처럼 긍정적인 자기평가는 끊임없이 자신에게 '잘 될 거야!'란 신호를 보낸다. 그렇게 함으로써 우리의 머리도 끊임없이 불행 가능성을 타진하는 데서 해방되어 좋아하는 일이나 취미에서 휴식을 취하는 게 가능해진다.

의도적으로 제공된 장밋빛 거짓 정보에 낚여 낙관적 오류를 범할 가능성도 있다. 종종 자산투자회사 직원들은 이점을 활용해 고객들을 낚는다. 오직 계약만을 목적으로 복잡한 도표

지적인 낙관주의자

들로 어떤 주식의 밝은 미래만을 과장되게 선전하는 것이다. 이율이 높다는 건 그만큼 위험요소도 많다는 뜻이므로 그들의 말만 믿고 투자한 손님들은 실패하기 쉽다.

하지만 근본적으론 낙관적 오류는 유익하다. 자신감 향상을 돕기 때문이다. '나는 다른 사람들이 말하는 것보다 더 나은 사람'이라는 메아리가 가슴 속에 울려 퍼지도록 한다. 이렇게 생각하는 건 우리를 불필요한 자기 의심으로부터 지켜준다. 하지만 종종 필요한 자기 의심으로부터 우리를 떨어뜨려 놓는 게 문제다. 과장되고 흔들림 없는 확신은 사람의 눈을 가리고 잘못된 길로 인도한다. 한순간에 선을 넘어선 확신이 과대평가로 돌변하는 것이다. 자신만만한 믿음의 속성상 돌변할 위험이 적지 않다. 한 계단만 올라서면 낙관은 과대망상이 되어 현실감각을 위협한다.

프로젝트를 현실화하는 능력 면에서도 낙관주의자가 비관주의자보다 우세하다. 낙관주의자는 계획이 실제와 맞지 않을 때에도 그걸 그저 받아들여야 할 현상으로 인식한다. "개똥같은 상황이래도 별 수 있나Shit happens!"를 신조로 삼다 보니 일이 어긋나도 큰 혼란에 빠지지 않는다. 피상적이긴 하지만, 적어도 다시 일어날 에너지를 공급한다. 반면, 비관주의자는 일단 잘잘못을 가리는 데 에너지를 소모한다. 어떻게 이런 일이 일어날 수 있지? 비관주의자들은 자신부터 의심하고 본다. 그리고 그 문제가 지속적이고 자신에게서 기인했다고 생각한다.

🌀 올리버는 투자자에게 새로운 건설사업의 예산계획서를 보내는 걸 깜빡 잊어버렸다. 이미 만들어두고선 보내지 않은 것이다. 사적인 일 때문에 집중력이 흐트러져 실수가 생겼다.

비관주의자인 그는 다음과 같은 내면의 독백을 들을 수 있었다. "자꾸 중요한 일을 잊어버리면 어떻게 하란 말이야! 도대체 무슨 생각을 한 거야? 나처럼 형편없는 사업 파트너도 없을 거야."

여기서 올리버가 낙관주의자라면 내면의 독백은 완전히 달라질 것이다. "믿을 수 없어. 작업을 잘 끝내 놓고도 사적인 일에 정신이 팔려버리고 말았네. 사람들이 나를 신뢰하는 걸 투자자도 잘 알고 있으니까 이렇게 오랫동안 함께 일할 수 있었는데, 이번 분기에 일이 너무 몰린 탓도 있는 것 같고. 사업이 이렇게 번창할 줄 누가 알았겠어. 지금은 내가 책임져야 할 일이 너무 많아졌어. 가족도 돌봐야 하고."

지적인 낙관주의자

문제는 일시적이고 상황에 따라 변하며 원인제공자는 내가 아니다. 이것이 낙관주의를 확고하게 지탱하는 세 다리다. 이렇게 생각하고 나면 이제 어떻게 해야 할 지가 보인다. 진심으로 사과한 다음, 투자자가 좋아하는 레스토랑에서 식사를 대접하는 것이다. 치명적인 실수가 벌어진 다음이라면, 해결하는 방법으로 어느 쪽이 나아 보이는가?

평균 이상 효과는 인지적 판단오류의 산물이다. 하지만 자신을 평균 이상으로 느끼는 감정과 사물을 '긍정적으로 판단하는 오류'는 스스로에 관한 믿음을 증가시키고 더 많은 것을 시도해볼 수 있도록 길을 열어준다. 자신의 많은 아이디어를 힘껏 던져 본 사람은 그게 어디에라도 맞으면 아이처럼 기뻐한다. 그렇게 마침내 과녁에 적중할 때까지 계속해서 프로젝트를 진행해 나간다.

그래서 나는 학생들에게도 다음과 같이 권한다. "자신감을 가져라. 자신감 없이는 아무것도 할 수 없다. 아이디어를 마음껏 시도해봐라. 하다가 안 되면 쓰레기통에 버리고, 하다 보니 잘 되면 계속해라. 훌륭하다! 그건 너희의 성공이다! 너희의 성공을 널리 알려라, 모두가 알도록! 그리고 실패는 장롱에 넣어 둬라."

긍정적 기만의 미덕

파생적 낙관주의에는 긍정적 기만도 포함된다. 긍정적 기만이란 자신을 좀 더 근사하게 포장하고 그게 마치 객관적인 모습인 것처럼 합리화하는 것을 뜻한다. 근거가 있는 홍보라면, 긍정적으로 자신을 포장한다고 손해를 볼 사람은 없다. 이런 사고방식은 특히 자영업자들의 생존에 필수적이다. 착각과 기만이 없다면 혼자서 사업을 이끌어가는 과정들을 이겨낼 수 없을 것이다. 투자와 채무에 관한 고민은 불면의 밤을 불러온다. 하지만 긍정적 기만 덕분에 그 모든 고민에도 불구하고 평정을 유지할 수 있다. 현실을 극복하는 데는 '희망 측정'이 도움이 된다. 희망을 측정하는 두 축은 다음과 같다.

1. 미래의 목표를 향해 있는 힘껏 달려가고, 이미 도달한 목표는 의기양양하게 사람들 앞에 내보일 줄 아는 자기 확신

2. 현재의 방식 외에도 긍정적인 결과를 도출할 대안을 상상하는 자유

성공할 수 있다는 희망은 특히 경영분야에서 뛰어난 효력을 나타낸다. 미래를 향한 기대가 있는 임원이 비관적인 임원

지적인 낙관주의자

보다 훨씬 공감능력이 뛰어나다. 사회적으로 존경을 받는 사람들도 어떤 일의 위험을 평가할 때면 긍정적으로 왜곡된 안경을 낀다. 하지만 이 방식은 일을 도모하는 데 필요한 인간관계가 제대로 맺어져 있을 때만 동의를 받을 수 있는 방식이다. 어떤 목표에 도달하고자 할 때 지지해주는 인적 네트워크 없이 낙관주의만으로 성공하기는 어렵다. 큰 목표일수록 절대 혼자서 이룰 수는 없기 때문이다. 훌륭한 인적 네트워크는 프로젝트를 시작하고 현실화하는 과정이 수월하게 진행되도록 도와준다.

낙관주의자들끼리 네트워크를 형성하면, 그들은 자주 자기 네트워크의 잠재적 지원 가능성을 실제 이상으로 높이 평가한다. 이 역시 평균 이상 효과에 해당한다. 여기에 살짝 미쳤다고 볼 수 있는 긍정적 판단오류가 작용해 해당 프로젝트에 힘을 보태도록 용기를 불어넣는다. 이렇게 낙관주의자가 먼저 팔을 걷어붙이고 나서면 그걸 본 다른 직원들도 점점 낙관주의자들을 따라오게 된다.

반면, 비관주의자를 따르는 사람들은 시간이 갈수록 점점 줄어든다. 그들의 회의론은 상황을 부정적으로 진단하고 성공을 향한 믿음을 부인한다. 이러한 부정성은 그들의 지원군에게까지 심적 부담감을 안기고, 어느 순간 비관주의자들 곁을 떠나거나 심리적 거리를 두게 한다. 둘 중 무엇이 됐든 비관주의자들은 지원군이 떠났단 사실에 좌절한 나머지 더 비관적이 된다. 악순환의 구조가 딱 맞아떨어진다.

당신이 기업의 임원이라면 비관주의자가 당신에게 미치는 영향력을 최소화하기 위해 애써야 한다. 그들이 다른 사람들의 의욕까지 꺾어놓지 못하도록 조치를 취해야 한다.

새로운 부서를 하나 만드는 방법도 좋다. 그 신설부서에 '미래 공작소'나 '2030 전략팀'처럼 의미심장한 이름을 단다. 그 부서가 몹시 중요하다는 인상을 주는 게 중요하다. 이 부서에 비관적 언행을 일삼는 사람을 최우선으로 선발하고, 그간 당신의 신경을 건드렸던 다른 사람들도 함께 뽑는다. 그들은 마치 극이 다른 자석처럼 본능적으로 서로에게 각을 세울 것이다. 그렇게 부서를 만들면 상황은 알아서 흘러간다. 아무것도 아닌 일로 불꽃 튀는 격론이 벌어진다. 부서원들은 각자 현란한 말솜씨로 자신의 입장을 전면에 내세우려 노력할 것이다. 서로의 신경을 거스르고, 반대가 남발할 것이며, 비관주의자들은 회의적 태도를 가감 없이 드러낼 것이다. 그럼 또 다른 부서원들이 그건 비건설적이라고 비난을 쏟아낼 것이다.

이 모든 것이 조치의 일환이니 당신은 평안히 하려던 일을 하면 된다. 그리고 그 특별한 부서원들에겐 반년 정도 시간을 줄테니 부서 컨셉을 잡아보라고 지시한다. 이제 당신에겐 반년

지적인 낙관주의자

이 생겼다. 적어도 반년은 비관주의자와 신경을 거스르는 동료들로부터 해방된 것이다. 별로 친절한 방식은 아니지만 이 조치를 통해 당신은 혁신적 사고를 편안하게 발전시키고 낙관주의의 우군을 끌어 모을 기회를 얻을 것이다.

지금까지 당신은 긍정적 판단오류, 평균 이상 효과, 긍정적 기만이 긍정적 미래와 업무상의 혁신을 이끈다는 걸 확인했다. 여기까지만 해도 낙관주의가 비관적 삶의 태도보다 유익하다. 낙관주의자로서 평균 이상 효과에 현실감각을 가미할 줄 아는 사람이라면 다음과 같은 결실을 당당하게 누릴 자격이 있다.

▼ 평균보다 훨씬 자주 찾아오는 유쾌한 기분

▼ 남들보다 높은 자존감

▼ 금융위기에도 흔들림 없는 판매실적

▼ 남들보다 긴 수명

▼ 심지어 선거에서 더 많은 득표: 정치적 낙관주의는 당면한 문제들을 미래에는 해결할 수 있다는 메시지를 던진다. 이는 저항, 좌절, 부담을 줄이고, 정치인과 그 전략에 대한 신뢰는 늘리는 효과를 낸다. 더 나아질 거라는 희망을 믿음직하게 전파하는 사람이 다음번 선거에서도 성공한다.

Chapter 2

낙관주의자라고
다 같은
낙관주의자가 아니다

"낙관주의는 개인에게 좋다. 깊은 통찰과 짝을 이루면 천하무적이다. 뒷걸음치다가 다시 낙관주의의 자리로 돌아온다면, 더 훌륭한 통찰과 짝이 될 수 있을 테니 그 또한 천하무적이다."

———————————————— 토머스 크바스, 바이어스도르프 CEO

어떤 낙관주의자가 될지는
당신의 선택에 달렸다

사회생활 혹은 개인생활에서 드러나는 낙관주의는 크게 다섯 가지 유형으로 구분된다. 이는 낙관주의자 클럽과 라인골드 연구소에서 공동으로 실시한 연구결과에 따른 것이다. 다섯 가지 유형 그 어디에 속하든지 간에 비관주의자로 사는 것보다는 나은 삶을 보장한다. 그러니 유형을 막론하고 무조건 낙관주의자가 되라고 권하고 싶다. 여러분들이 저마다 자신에게 맞는 유형을 찾아냈으면 한다. 무엇보다 삶의 초점을 직업적 성공에 맞춘 독자들에게는 '최고의 낙관주의자'가 되기를 권하고 싶다. 사회생활에서 최상의 경력을 이루는 데 중요한 자양분을 제공할 것이다. 다른 네 가지 유형을 찬찬히 살펴보는 것도 좋을 것이다. 어느 유형이든 긍정적인 삶을 위한 기본방향으로 삼기에 손색이 없으며, 충분히 따를 가치가 있다. 다섯 가지 유형에 이름을 붙이자면 다음과 같다.

- ▼ 목적 낙관주의자
- ▼ 순진한 낙관주의자
- ▼ 숨은 낙관주의자
- ▼ 이타적 낙관주의자
- ▼ 최고의 낙관주의자

이제 이 낙관주의자 유형을 하나씩 설명해 보겠다.

긍정적인 면에 집중하는
목적 낙관주의자

목적 낙관주의자는 어려운 상황에서도 긍정적인 면에 집중할 줄 아는 장기적 안목을 가진 멋진 사람이다. 목적 낙관주의는 특히 사회복지 영역이나 변화관리 업무에서 쓰임이 많다. 유쾌하지 않은 상황에서 긍정적인 면을 찾아야 할 때 많이 필요한데, 그중에서도 노화나 중병 탓에 상황 변화가 거의 불가능할 때 목적 낙관주의가 자주 소환된다.

"나는 모든 것이 확실해졌을 때조차 아버지가 죽는다는 생각을 하지 않았어요. 낙담하거나 기운이 빠지길 원치 않았으니까요." 목적 낙관주의자들은 버티는 데 탁월하고 마음속으로 조용히 소망을 품는 편이다. 때론 거기서 기적이 일어나기도 한다. 목적 낙관주의자들은 "절대 포기하지 않아!"라는 말을 사랑한다. 그들은 전투력이 넘치고, 성공할 가능성이 아주 낮을 때조차 전의를 상실하지 않는다. 현실이 바뀌지 않으리라는 걸 알면서도 기꺼이 참여하는 사람들이기 때문이다.

사회생활에서 목적 낙관주의자들은 승률이 51% 이상일 때만 싸움을 청하라는 일반적 규칙을 무시한다. 그들에게 통하는 계산법은 다르다. 그들은 성공확률이 10% 이하일 때조차 에너지를 있는 힘껏 쏟아붓는다. 아마도 질 것이다. 하지만 모든 걸 쏟아부은 다음 날 아침이면 만족스런 얼굴로 거울을 바라볼 수 있다. 물론 이러한 에너지 소비 탓에 번아웃 증후군에 걸릴 가능성도 있다. 목적 낙관주의자들은 그 점마저 각오하고 있다.

일단 눈에 뛰는 건 그들의 열정이다. 단, 내일이 없는 것처럼 불태우는 그들의 열정이 과녁을 빗나갈 때 문제가 발생한다. 이런 상황은 목적이 수단을 합리화하는 경제나 정치 분야에서 주로 발생한다.

독일 정치계의 떠오르는 스타였던 쭈 구텐베르크Zu Guttenberg 전 국방장관은 2011년 박사논문 표절로 국방장관 자리를 내놔야 했다. 얼마 전 그는 파울릭 컨설팅 회사가 주최한 국제회의에 연사로 등장해 환태평양 관계를 논했다. 그는 강연도중 같은 주제로 박사학위를 취득할까 한다는 의향을 내비쳤다. 그는 그 말에 미소 짓는 사람들은 자기 편이라고 여겼을 것이다. 회

지적인 낙관주의자

의적으로 고개를 갸웃하는 사람에겐 좀 더 친절하게 대해야겠다고 생각했을 테다. 자기모순적 현실왜곡엔 희망만이 가득하다!

목적 낙관주의자들은 좋은 일을 위해 현실을 왜곡한다. 예를 들어, 불치병 환자에게 나을 수 있다는 희망을 줘서 죽음의 공포에 사로잡히지 않게 해 준다. 이건 지극히 장점만이 부각된 사례고, 최악의 경우엔 진실대로 말하지 않은 탓에 동료나 고객을 파멸에 빠뜨릴 수도 있다. 목적 낙관주의의 단점이 발휘되면 그 여파는 걷잡을 수 없다. 목적 낙관주의자 자신이 그걸 민폐라고 생각지 않기 때문이다. 엑셀 회계장부에 빨간 숫자가 적혀도, 사업계획에 희망을 품을 여지가 거의 없는데도 믿음을 내려놓지 않는다. 그들은 북극에 냉장고가 없다는 걸 찾아내고선 바로 그렇기 때문에 그곳이 냉장고의 새로운 시장이 될 수 있다고 굳게 믿는다. 그래서 의도치 않은 사람에게까지 사기를 치게 될 위험이 높다. 그러고서도 자신의 판단오류를 알아채지 못한다.

ᓚ "파산에도 다 의미가 있어요. 정말 중요한 경험이었죠. 나뿐만 아니라 우리 모두에게 유익했습니다."

ᓚ "이번 실패로 우리 모두 정신 차리게 됐어요. 이제 좀

더 집중하게 되었지요."

ⓢ   "우리는 실패를 발판으로 성장합니다. 항상 이길 수는
      없잖아요."

이와 유사한 변명들은 그들의 기본 레퍼토리에 속한다. 비
참한 상황에서 긍정적인 면에 집중하는 것이 그들의 능력이긴
하다. 그렇게 함으로써 다시금 자신들의 장점을 발휘할 수 있
고, 이는 실패나 불운을 딛고 다시 일어서길 원하는 사람들에
게 목적 낙관주의가 더없이 큰 도움이 되는 이유이기도 하다.

ⓢ   한 범죄학자가 자신이 상담해 온 모친살해범들의 재범
      률이 매우 낮다는 사실을 들먹이며 그게 다 자기 덕이
      라고 확신했다. 모친살해범 중 그 누구도 재범을 저지
      르지 않았기 때문이다. 하지만 이 논리엔 함정이 있다.
      모친살해범들의 문제는 그 엄마가 사라짐으로써 함께
      사라졌기 때문이다. 그들은 오직 엄마와 문제가 있었던
      사람들이기 때문에 재범을 저지를 가능성 자체가 제로
      였다.

결과적으론 목적 낙관주의자가 실패한 상황을 두고서도, 그

지적인 낙관주의자

들의 영향력이 없었더라면 훨씬 더 나쁜 결과가 나왔으리라 가정해볼 수 있다. 목적 낙관주의자는 정말로 이렇게 생각하고 진심 어린 목소리로 다른 사람을 설득한다. 상황을 미화하는 습관 그 자체는 지속가능한 낙관주의에 도움이 되지 않는다. 상황을 아름답게 포장한 다음엔 항상 성공적 위기대처가 뒤따라야 한다. 파산을 하거나 원치 않게 직장을 옮겨야 할 때, 혹은 이혼이나 그 외 여러 가지 불운을 맞았을 때, 그 어려움을 성공적으로 수습해냈다는 유쾌한 기분이 낙관주의를 강화시킨다.

목적 낙관주의자는 모래에 머리를 처박고 숨는 사람이 아니라, 막다른 길에서도 능동적으로 길을 찾아내는 사람이다. "아직까지 그렇게 나쁘진 않았어. 지금까진 항상 다 잘 됐잖아." 비즈니스 세계에선 이런 말이 진정성이 없다는 비판을 받을 때도 있다. 긍정적 기분을 억지로 끌어올려서 엄청난 똥 덩어리를 미화해버리는 인위적인 표현들은 다음과 같다.

- 해고되었습니까?: 인생을 새로 시작할 멋진 기회입니다.
- 빚이 너무 많아 파산했습니까?: 몇 년 고생하면 다시 모든 게 쉬워질 것입니다.
- '번아웃' 되었습니까?: 당신의 몸이 더 나빠지기 전에

신호를 보낸 건 훌륭한 일입니다.

낙관주의에 관한 이런 피상적 어구들에는 당최 믿음이 안 간다. 마티아스 호르스의 말이 옳다.

"진화된 낙관주의는 인간의 삶이 연약하고 깨어지기 쉽다는 점을, 그래서 삶엔 고통이 따르고 그 고통이 빈번하다는 것을 이해한다. 다만, 그중 스스로 해결 가능한 부분이 있다는 것을 알 뿐이다. 낙관주의는 그 부분에 집중한다."

호르스가 말하는 '그 부분'은 행복과 만족, 그리고 성공에 도달하는 시점이자 인생의 최고의 순간을 뜻한다. 고통이 잠시 내어준 시간에 행복을 만끽할 줄 아는 게 낙관주의자의 능력이다. 그들은 현실이 무례하게 희망을 방해하도록 허락하지 않는다. 그들은 미래를 예견하는 자신의 능력을 과대평가하기 때문이다. "다 잘 될 거야"라는 말은 스스로에 대한 단순하고도 낙관적인 과대평가를 대변한다. 그들에게 필요한 것은 자기비판이다. 비록 과대평가와 같은 현실왜곡이 신기하게도 좋은 효과를 발휘한다는 점을 인정하더라도 자기비판은 필요하다.

"낙관적 기업가들이 위험을 그릇되게 평가한 덕분에 오히려 분별 있게 행동하는 경우가 종종 있다. 심지어 그들 자신은 그게 분별인 줄 모르고 할 때도 많다. 성공을 향한 그들의 믿음은 긍정적 기분을 낳는다. 그리고 그 기분은 그가 다른 사람으로부터 빌린 사업자금을 제때 갚고, 직원들이 양심적으로 업무에 임하도록 독려하고, 회사의 성공 가능성을 높이는 데 도움이 된다. 그 원동력을 묻는다면 그건 낙관주의다. 그들이 단순히 허상에 들떠서 한 행동이라 할지라도 그건 좋은 일이다."

그러니 약간의 현실왜곡과 적당한 광기에는 마음을 열어두길 당부한다. 낙관주의자 경제 모임을 창설한 클라우스 우터묄레가 "미치광이들이 승리한다!"고 주창한 것처럼 왜곡과 광기는 우리에게 시련을 이겨낼 용기를 준다. 창업을 할 때도 약간은 미쳐야 한다. 그래야 현실이 휘두르는 방망이에 나가떨어지지 않을 수 있다. 당신에게도 그런 기억이 하나쯤은 있지 않은가?

캐나다에는 발명가 지원 프로그램이 있다. 프로그램은 현실에 옮겨지기 전인 사업 아이디어를 놓고 산업적으로 성공할 가능성을 37개의 객관적 기준에 따라 평가한다. 제출된 혁신적 아이디어를 검토한 결과, 70%는 실패가 예상된다는 평가를 받았다. "최하점을 받은 411개의 프로젝트 중 5개가 상업화되었으나 그중 성공한 건 하나도 없었다." 이런 최악의 전망 속에서도 프로그램에 참여한 발명가의 47%는 계속해서 하던 일에 땀을 쏟았다. "때로는 초반에 덮어버렸으면 좋았을 일을 물고 늘어지는 참을성이 많고 고집이 센 그들의 성격 때문에 실패가 배가되는 경우도 있다. 이러한 참을성은 발명가들 사이에서 유별나게 나타난다. 발명가는 낙관주의자의 비율이 가장 높은 직업군에 속한다."

기업 임원이나 CEO들 중 특히 경제지로부터 칭찬을 받는 부류도 목적 낙관주의자일 가능성이 높다. 그들은 잡지 표지를 장식함으로써 평균 이상 효과의 진가를 증명한다. 하지만 그들의 실상은 현실왜곡의 덫 위를 위태롭게 걷고 있을 때가 많다.

미디어로부터 칭찬받는 경영인을 둔 기업들의 우수성을 따져보니 평균 이하인 경우가 많았다. 주식시세나 경영성과 면에서 좋은 성과가 나타나지 않았다. 대표이사 연봉은 인상되었는데, 정작 늘어난 건 그들의 외부활동이었다. 그들은 책을 쓰거나 외부감사를 맡았고, 심지어 상황이 좋아 보이도록 재무제표를 고치는 짓에까지 손을 댔다.

　이미 말했듯, 현실을 왜곡하는 목적 낙관주의는 경제계에선 조심스레 적용돼야 한다. 반면, 사회복지 분야에선 대단한 성과를 만끽할 수 있다. 희망 없는 곳에 희망을 주는 것이 그들의 일이기 때문이다.

미래가 아름다운
순진한 낙관주의자

순진한 낙관주의자는 감동을 잘 하고 에너지가 넘치며 일 욕심이 많다. 하지만 아쉽게도 그들은 자신의 아이디어와 프로 젝트, 그리고 자기 자신에게 감동한 나머지 장애물이나 실패가 능성을 모두 무시해버린다. 사실 그들은 누군가 자신을 반대하 면 '순진'과는 전혀 다른 모습을 드러낸다. 그런데도 그들에게 '순진한'이라는 형용사를 붙인 이유는 그들이 전파하는 희망 이 무한하고 친절하기 때문이다.

그들이 그들과 우리의 미래를 상상하는 방식은 그저 아름 답기만 하다. 그들은 더 많이 알아보려 하지 않고 무조건 행운 이 그들의 편에서 옳은 길을 알려줄 것이라고 확신한다. 그들 은 고급음식점에서 굴을 주문한다. 껍질에서 진주가 발견되어 그 진주로 음식 값을 계산할 수 있기를 바라면서. 자신을 과대평가하는 습성이 너무 강한 나머지, 사람들도 자신을 나쁘게 생각할 리 없다고 믿는다. "1부터 10까지 숫자로 나를 평가한다면 나는 10에 별 하나 추가예요!"

순진한 낙관주의자는 실행계획도 없는 아이디어를 여기저기 떠벌리고 다닌다. 그리곤 목표를 성취할 거라는 아무 근거 없는 믿음 위에서 최상의 기분을 유지한다. 현실엔 개의치 않는다. 그들은 무한대의 에고를 장착한 몽상가다. 그리고 자신은 항상 옳은 일을 하고 있다고 믿는다.

순진한 낙관주의자는 활동적이고 패기가 넘치며 도전을 즐긴다. 단기적으로 보면 매력적이고 재치 있다. 그와의 데이트는 정말 즐겁다. 한시도 지루할 틈이 없는 멋진 저녁이 될 것이다. 그는 자신의 아이디어와 프로젝트, 인생에 관한 독백을 늘어놓을 때 누군가가 귀 기울여 들어주는 상황을 굉장히 좋아한다. 자기 얘기에 전념하다가 문득 상대에게 질문을 던질 수도 있다. "이젠 당신 얘길 듣고 싶어요. 말해봐요, 나를 어떻게 생각하죠?" 순진한 낙관주의자들은 자기 얘기를 늘어놓는 것이 상대를 위한 선물이라고 생각한다. 그 테이블에서 가장 흥미로운 사람은 바로 자기라는 데 한 치의 의심도 없다.

자체발광의 순진한 낙관주의자와 저녁 한때를 즐겁게 보내는 것을 마다할 이유는 없다. 연극 한 편 보듯 즐기면 될 일이다. 하지만 동업은 마다하는 편이 낫다. 금전적 투자는 절대 안 된다. 그건 그냥 돈을 버리는 일이다. 그들의 표현대로라면 돈은 '다른 데로 사라진다.' "내가 나쁜 마음을 먹은 건 아니잖아. 잘 될 수도 있는 일이었어. 정말 잘 될 것 같았는데 말이야." 투자한 돈을 다 날린 다음 당신이 들을 수 있는 설명은 이뿐이다.

프랑크 텔렌Frank Thelen은 기술이나 디자인 기반 기업을 대상으로 한 창업투자회사 e42의 CEO다. 그는 패기만만하고 순진한 낙관주의자 때문에 앞길이 가로막혔던 경험을 떠올리면 속이 부글부글 끓어오른다고 했다. 그에게 투자를 받은 순진한 낙관주의자는 아무것도 제대로 검토하지 않았고, 숫자를 전혀 몰랐으며, 시장을 분석하지도 않았고, 심지어는 다른 사람이 같은 아이디어를 벌써 2년 전에 시장에 내놓았단 사실도 몰랐다. 어떻게 그것도 모를 수 있었을까? 이유는 단 하나, 똑똑하지 않아서다. 그는 자기 아이디어를 인터넷에서 검색해 볼 생각조차 하지 않았다.

순진한 낙관주의자는 문제를 철저하게 무시한다. 그는 동료, 상사, 투자자, 직원을 크게 고려하지 않는다. 큰 그림을 놓쳐버릴 수 있다는 두려움 때문에 세부사항을 체크하는 부담을 피하려 든다. 그래서 그의 프로젝트는 실패하기 쉽다. 행운이 찾아오지 않는 한 거의 실패한다.

⟲   어떤 프랑스 와인 애호가의 예를 들어보자. 그는 미국
으로 이민을 가서 프랑스 와인 도매상을 열었다. 가게
는 금방 커지고 유명해졌다. 어느덧 창립 25주년을 맞
아 도매상은 단골손님과 기자들을 모아 성대한 파티를
열었다. 기자 중 하나가 도매상에게 물었다. "당신은 경
제위기 때 자영업을 시작해 사업의 기반을 닦고 성장
시켰습니다. 성공의 비결이 뭡니까?"
프랑스 사업가는 질문에 대답했다. "미국에 온 첫 해에
내 영어실력은 형편없었어요. 신문을 단 한 줄도 못 읽
었죠. 그래서 경제위기가 온 줄을 몰랐답니다."

제대로 준비하지 못했지만 결과는 성공이었다. 경제계가 그
에겐 더없이 관대했던 덕이다. 하지만 이건 예외적 상황이다.
순진한 낙관주의가 극단적 유형으로 발전하면 자신마저 파괴
해 몰락에 이른다. 물론, 그 책임은 자기 아이디어를 충분히 믿
지 않은 남들에게 있다.
    순진한 낙관주의자는 지푸라기로 금을 만들 생각을 한다.
과연 그의 머릿속은 어떤 모습일까? 일단 그는 속임수의 대가

이자 과대포장의 달인이다. 그는 이성적 사고를 무력화하고 상대가 더 나은 결과에 관한 기대에 관심을 갖도록 만든다. 그런데 거기서 어이없이 좋은 결과가 나온다. 뇌과학자 샤롯은 이 현상을 '낙관적 편향'이라고 부르면서, 그 편향의 정도에 따라 멋진 결과를 낳을 수도 있다고 설명했다. 순진한 낙관주의는 그 자체로는 전혀 해될 게 없다. 사기극이 유익하냐 해롭냐는 어느 정도의 낙관주의냐에 달렸다.

학술적 연구 자료는 다음과 같은 사실을 분명하게 증명한다. 대부분의 사람들이 그들이 직장에서 출세할 가능성을 과대평가하고, 자녀에게 특별한 재능이 있다고 생각하며, 기대수명을 너무 길게 잡는다. 또한 자신이 평균 이상으로 건강하며 비슷한 처지의 사람들보다 성공적이라고 생각한다. 이혼이나 암 발병, 실직 등의 위험은 확실히 과소평가하며, 전반적으로 그들 미래에 펼쳐진 인생이 그들 부모의 것보다 나을 것이라고 전망한다.

아마 이건 모두 자기기만에 해당할 것이다. 하지만 실제 인생을 발전시키는 데 유익한 자기기만이다. 부모라면 한 번쯤 자기 아이가 정말 특별히 예쁘고 똑똑하다고 확신할 때 찾아오는 '낙관적 편향'의 유쾌한 기분을 느껴봤을 것이다. 이들은 친구를 만나면 일단 "우리 애가 벌써…"로 대화를 시작한다.

지적인 낙관주의자

물론 순진한 낙관주의자라고 자신을 불사조라 생각하진 않는다. 하지만 언제라도 자신에게 심각한 일이 벌어질 수 있다고는 생각하지 않는다. 노후를 대비한 저축에 알레르기 반응을 보이는 사람은 십중팔구 순진한 낙관주의자다. 그들은 연금, 정기적금, 생명보험을 돌처럼 여긴다. 그들에게 노년에 관한 신중한 생각은 너무 비관적인 행동이다. 하지만 생각을 안 하면 어떡하겠다는 걸까? 심지어 낙관주의자들은 남들보다 더 오래 산다는데. "노후 자금을 준비하는 사람은 애석하게도 노년에 관한 생각 또한 피할 수가 없다. 그런데 우리는 그런 생각을 가급적 피하고 싶다. 미래의 재정계획 또한 똑같은 이유에서 피하고 싶다." 세무회계컨설팅 회사를 경영하는 수자네 가베 씨는 일선에서의 자기 경험을 털어놓았다. 컨설팅을 받아 미래를 계획하고자 하는 사람들은 원래부터 컨설팅이 필요 없는 사람들이다. 정작 컨설팅이 필요한 사람들은 계획을 하지 않는다. 그들은 준비가 안 된 상황 속으로 걸어 들어가는 데 스스럼이 없다.

　예방조치나 실패에 관한 대비는 순진한 낙관주의자의 관심사가 아니다. 그는 자신을 상처 입지 않는 존재, 혹은 다른 사람들보다 위험에 빠질 가능성이 낮은 존재라고 믿는다. 그러므로 위험을 감수하는 생활방식에도 별 문제가 없다고 생각하고, 오히려 그 유혹에 기꺼이 응한다. 그에 따라오는 불안을 즉흥성의 대가로 받아들인다. 빚을 내서 스포츠카를 사고, 빚이 부담스러워지면 요트를 사는 것보다는 알뜰했다고 스스로를 위안한다. 어차피 할부금 정도는 곧 벌 테니 걱정할 게 없다.

순진한 낙관주의자는 위험을 감수하는 태도를 자랑스레 여긴다. 깊이 생각하지 않고 언제나 즉흥적이다. 하지만 성공 지향적이거나 지속가능한 방식은 아니다. 순진한 낙관주의자는 그 점에도 크게 개의치 않는다. 위험성을 알리는 통보나 고통스러운 결과가 뒤따를 수 있다는 이성적 경고를 받아도 그는 태도를 바꾸지 않는다. 내부에서 납득할 만한 동기가 생기지 않는 한, 원래 태도를 고수한다. '본디 일은 잘 되도록 돼 있다'는 그들의 순진한 믿음엔 심리적 장점이 많다. 단, 수동적이란 게 단점이다. 그런 믿음은 활기찬 행동도, 전략적 사고도 만들어내지 못한다. 그래서 일을 도모하는 사람이라면 그런 사람과 어울리지 않는 게 낫다. 순진한 낙관주의자에겐 엄중한 경고도 먹혀들지 않는다. 특히 아직 일어나지도 않은 미래의 일에 관한 경고는 귓등으로도 듣지 않는다.

지적인 낙관주의자

작은 행복에 만족하는
숨은 낙관주의자

숨은 낙관주의자는 어디서나 볼 수 있다. 낙관주의자의 대다수는 숨은 낙관주의자 유형에 속한다. 라인골드 연구소의 연구결과에 따르면, 숨은 낙관주의자는 최악을 상정하는 사람이다. 그러면 앞으로는 나아질 일만 남기 때문이다. 노벨 경제학상 수상자인 카너먼도 이 유형에 속한다. 다만, 그는 조금 다른 단어를 선택했다. "나는 방어적 비관주의자에 속한다." 숨은 낙관주의자는 일어날 수 있는 모든 뜻밖의 사건에 대비하려 하며 그 덕분에 일을 야무지게 마무리 짓는다. 기대수준은 낮은 편이다. 그래서 충족될 가능성이 높다. 미니멀리즘 덕에 유쾌한 기분을 유지할 수 있다. 그는 성공하진 못하더라도 행복할 수는 있는 가장 확실한 방법을 찾은 것이다. 숨은 낙관주의자는 '방어적 행복 추구자'다. 낮은 기대수준은 금방 넘을 수 있고 그러면 행복해진다.

예를 들어, 개업 4주 만에 처음으로 결산을 했다고 치자. 그리고 기대보다 상황이 훨씬 나쁘다는 걸 알게 되었다. 계획단계에선 예상치 못했던 구덩이에 빠진 것이다. 그럼 그들은 목표를 낮춘다. 그리고 반 년 만에 자신이 설정한 낮은 기준에 근거한 기적적인 첫 성공을 맞이한다. 그는 이미 영웅이다. 개척자는 그렇게 서서히 사업을 본 궤도에 올려놓는다.

개인생활에도 같은 방식을 적용해 볼 수 있다. 새해를 시작하며 배우자에게 기대를 적게 한 사람일수록, 그 한 해 동안 행복한 부부관계를 만들어갈 수 있다. 어찌됐든 무엇이든 조금씩은 기대보다 나을 테니까. "내 생각에 올해가 우리 최고의 해가 될 것 같아!"와 같은 말은 금지다. 그런 말을 하는 동안 기대감은 조금씩 위로 솟아오른다. 그렇다고 기대를 너무 낮춰서도 안 된다.

고대 그리스의 철학자 아리스티포스Aristippos의 행복관은 좀 더 실제적이다. 그는 행복은 쾌락의 최대화, 고통의 최소화가 충족될 때 성취된다고 주장했다.

일본인들은 아예 행복메시지를 발명했다. 추첨식 신탁인 '오미쿠지'가 그것이다. 일본의 신사에 가면 작은 상자를 흔히

지적인 낙관주의자

볼 수 있다. 거기엔 돌돌말린 종이테이프가 들어있고 그 안엔 미래에 관한 예언이 적혀있다. 사람들은 작은 구멍으로 종이 테이프, 즉 오미쿠지가 한 장 떨어질 때까지 상자를 흔든 다음, 예언을 읽는다. 그건 '대길大吉'일 수도, 운이 별로일 땐 '중길' 혹은 '소길'에 해당되는 예언일 수도 있다. 일본인들은 행운의 정도를 매우 면밀하게 세분화해 두었다. 그러다 일이 잘못되면 '대흉大凶'이 나오기도 한다. 이는 승진이 좌절된다거나 연애가 깨지는 것을 암시한다. 사람들은 '대흉'이 적힌 오미쿠지가 나오면 소나무에 매달아 자신의 운을 방어한다. 저주가 자신에게 달라붙지 못하도록 나무에 묶어두는 것이다. 똑똑하지 않은가!

직장에서도 숨은 낙관주의자는 방어적 태도를 취한다. 그는 두 번째로 높은 자리를 선호한다. 출세했지만 모든 책임을 질 필요는 없기 때문이다. 그의 감정은 양가적이다. 발전을 원하면서도 현 상태가 바뀌는 건 바라지 않는다. 위험 감수능력이 매우 약한데 명예욕마저 적다 보니 작고 확실한 행복에 안주하길 원한다. 라인골드 연구소는 그의 '소심한 행복'을 독일 가정집 앞마당에 놓여있는 난쟁이 장식품에 비유해 설명했다. 즐겁게 웃고 있지만 앞마당에 계속 머물길 원한다는 것이다. 그에겐 무엇보다 안정에 대한 욕구가 강하게 작용하기 때문이다.

여행을 떠나자고? 좋아, 국내에 아름다운 곳이 많지. 해외로 나가자고? 그것도 좋아, 가봐서 알겠지만 스위스나 오스트리아에도 멋진 휴양지가 많으니까. 고루하고 보수적이라고? 숨은 낙관주의자는 그런 말에 신경 쓰지 않는다. 그는 자기가 주류이고 보편적이라고 생각하기 때문이다.

그렇다고 비즈니스 세계에서 숨은 낙관주의자의 활약을 과소평가하면 안 된다. 기회가 허락하면 뒤에서부터 공격해 진지를 빼앗는 게 이들의 특기기 때문이다. 상황을 억지로 만들어내진 않는다. 하지만 일단 상황이 열리면 행동을 개시한다. 그는 수동적인 탓에 경쟁에 최적화된 인간형은 아니다. '팔꿈치워리어'로부터 '반출세주의자'란 비난도 받는다.

숨은 낙관주의자는 순진하지 않다. 그는 자신의 장점을 정확히 안다. 그저 그걸 은밀하게, 혹은 모호하게 만들 뿐이다. 명예욕이 없는 덕에 그의 행동은 무해해보인다. 그가 모든 사안을 심사숙고한 다음, 자기 앞에 놓인 게 기회일 수도 있단 판단을 내릴 때까지는 정말 그렇다. 카드를 뽑을 수도 있지만, 그렇다고 반드시 뽑을 필요는 없다는 판단을 내리고선 등을 돌려 웃는 게 그의 취미다. 그는 호언장담하지 않는다. "정말로 그걸 원한다고 해서 곧장 말할 필요는 없다"고 생각하기 때문이다. 라인골드 면담자 중 숨은 낙관주의자는 다음과 같이 말했다.

"우리는 게으른 낙관주의자예요. 가진 게 많을수록 초조해지죠. 우리에게 가진 게 많다는 건 잃어버릴 것도 많다는 뜻이니까. 겉으론 불평할 때도 있지만 마음속으론 일 욕심도 많고 낙관적입니다. 우리가 계획한 건 반드시 성공한다고 믿어요."

숨은 낙관주의자는 자신이 원할 때 원하는 걸 할 수 있다는 사실만으로도 유쾌함을 느낀다. 그걸 안다는 것만으로도 마음이 편안해지는 것이다. 정말 바람직하다!

세상을 먼저 생각하는
이타적 낙관주의자

이타적 낙관주의자는 사리사욕이 없고 배려심이 넘친다. 운명에 순응하는 편이고 스스로도 그러길 원한다. 근본적으로 이기주의자와 정반대 유형이다. 이들은 다른 사람의 안녕과 공동의 행복을 생각한다. 타인을 돕는 업무영역에서 이런 유형의 낙관주의자가 자주 발견되는 건 놀라운 일이 아니다. 자립적인 경우는 드물고, 가족적으로나 직업적, 물질적으로 높은 의존성을 띤다.

이타적 낙관주의자는 열정에 사로잡히는 능력은 있지만 일관되게 일을 끌어가진 못하는 편이다. 그들은 장애를 뚫고서 꿈을 실현하는 걸 원하지 않기 때문이다. 가끔 이타적 낙관주의자와 대화하다 보면 그가 약에 취한 건 아닌가 하는 의심이

지적인 낙관주의자

들 때도 있다. 부러울 정도로 여유롭단 뜻이다. 의미 있다고 생각되는 일에도 그걸 실현하기 위한 행동을 망설인다. 그는 자신이 그렇게 믿는다는 이유로 성공이 저절로 찾아올 것이라고 믿는다.

이타적 낙관주의자의 모습은 어디서 많이 본 듯한 맥주 광고를 떠올리게 한다. 말은 적고 의도적인 행동도 없다. 그러면서도 희망에 가득 한 얼굴로 아름다운 석양을 바라본다. 산드라 리히터는 이 유형을 '안락의자 낙관주의'라고 불렀다. 이런 사람은 늘 한가로운 리조트에 온 것 같은 자세로, 자신이 무얼 하든 모든 게 멋지다고 생각하기 때문이다.

직장에서 이타적 낙관주의자는 편안한 자리를 잡고 앉아 자신의 안락한 세계관을 침범할 수 있는 업무를 무조건 피하고 본다. 큰 진척이 없긴 하지만, 자기가 원할 땐 뭔가 할 때도 있다. 하지만 필요하지 않다고 생각하는 일은 결코 하지 않는다. 무언가 제안은 하지만 직접 그걸 실현하려고 뛰어들진 않는다. 아이디어는 내지만 추진하진 않는다. 아무것에도 얽매이지 않으려는 성향이 개인적으로는 유익할 수 있다. 어디에도 거칠 것 없이 만족스럽게 현재 가진 것을 누릴 수 있다. 건강, 많진 않지만 꼬박꼬박 들어오는 월급, 다정한 친구들 등. 그는 기를 쓰고 뭔가 해내려고 애쓰지 않는 덕분에, 항상 감사하고 언제나 유쾌하다. 때론 그런 기분이 공감능력을 향상시켜 소박하지만 확실한 월급이 나오는 직장을 다니면서도 과외로 자원봉사에 나서기도 한다.

직장에서 출세하는 데는 도움 될 게 없는 태도다. 사실 이타적 낙관주의자는 출세를 바라지도 않는다. 그의 초점은 물질적 성공보단 가치 중심적인 만족에 맞춰져 있다. 아주 많은 일을 해내지도 못하지만 어느 것 하나 망가뜨리지도 않는다. 쓰레기를 깔끔하게 분리해서 버리고, 법규를 준수하고, 세금을 꼬박꼬박 낸다. 이자를 많이 주는 상품을 찾아 돈을 투자하는 데는 별로 흥미가 없다.

이타적 낙관주의자는 세상을 조금이라도 더 나아지게 만드는 데 힘을 보태길 원한다. 일단은 가족을 챙기는 게 최우선이다. 가족은 운명공동체이기 때문이다. 이런 성향은 직장이나 명예직 업무에서도 적용된다. 자신의 가치 지향적 관점에서 의미 있다고 판단되면 열심히 한다. 노숙자에게 살 집을 구해줄 수 있다면 그건 의미 있는 일이다. 자살을 하려는 사람에게 삶의 의미를 선물하는 것 또한 그렇다.

이타적 낙관주의자는 아침이면 거울 앞에 서서 자신에게 이렇게 말하는 걸 좋아한다. "내 노력으로 세상은 조금 더 나아질 수 있어!" 그게 너무 조금이라는 당황스러울 때도 있지만,

그럼에도 이러한 가치 지향적 태도는 더 만족스러운 삶으로 우리를 인도해준다는 점에서 충분히 권장할 만하다.

이런 성인군자가 간혹 리더의 자리에 오르면 자기가 내린 결정엔 자발적으로 책임을 지는 모습을 보인다. 불이익도 기꺼이 감수한다. 이타적 낙관주의자 사장은 경영상 불가피한 구조조정처럼 무자비한 조치를 내릴 때조차 남다른 면모를 보였다.

✆ "사랑하는 동료 여러분, 우리 회사의 경영진은 고객이 앞다투어 사고자 하는 상품을 생산하고 계발하는 데 성공하지 못했습니다. 그래서 현재 고용된 직원을 감당하기 힘듭니다. 다수가 살아남기 위해선 다음 12개월 동안 10%의 직원들을 떠나보내야 합니다. 그 숫자는 정확히 680명입니다. 679번째 직원이 작업장을 떠나면 내가 마지막 구조조정자가 되어 사표를 내겠습니다. 그럼 모든 게 다 잘 될 겁니다!"

그의 경영계획이 제대로 들어맞지 않았으니 경영자로서 실패한 것으로 단정할 수도 있다. 하지만 그가 책임진 회사가 러시아를 상대로 한 경제제한조치의 영향을 심하게 받는 직종이었다는 걸 감안하면 어떨까. 그럼 운명의 돌팔매에 책임을 돌릴 수도 있다. 물론 경제제한조치가 예상될 때 적절한 대안시장을 개척하지 못한 책임을 물을 수도 있다. 그러나 그건 누구라도 별 수 없었을 것이다. 이타적 경영자는 자신의 실직을 기정사실화하면서도 기대감을 피력했다. 그는 당면한 개별 사건에서 맛본 실패라는 작은 틀이 아니라, 전체 인생이라는 큰 틀로 사고하는 사람이었다. 그래서 그는 결국엔 회사도, 그의 인생도 모두 잘 될 거라 확신할 수 있었다. 이타적 양심은 착한 일을 하도록 돕는다. 또한 이타적 낙관주의자는 화내는 법이 없고 침착하다. 상대하기에 매우 편안한 유형이다.

지적인 최고의 낙관주의자

최고의 낙관주의자는 성공을 추구한다. 출세 지향적이다. 그러면서도 폭넓은 위험감수능력을 보여준다. 출세란 타이밍을 잘 맞춰야 하는 마라톤과 같다는 걸 잘 알기 때문이다. 그는 정신적으로 유연함을 유지하면서, 자기 프로젝트가 성공할 것이라는 확신을 갖고 꾸준히 한 목표를 따라간다. 종점을 내다보고 그곳에서 맞보게 될 최상의 결과를 눈앞에 그린다. 미래의 결과는 무엇보다 그의 마음을 흡족하게 한다. 목표를 성취할 가능성이 낮아 보일 땐, 금세 그 목표와 이별할 수도 있다. 그는 감성에 휘둘리지 않고, 끊임없이 새로움을 찾아 눈을 돌린다. 제자리걸음은 그의 선택지가 아니다. 그는 상황에 순응해가며 성공을 성취한다. 구조를 그리는 사람이자 책임을 지는 사람, 좋은 인맥을 유지하고 사회와 원활하게 소통하는 사람이다. 기회와 한계를 저울질하는 데 능하다.

대니얼 카너먼은 이런 유형이 경제, 정치, 사회 분야의 최고 위치에서 결정권을 행사하며 우리 모두의 삶에 강한 영향력을 행사한다고 강조했다. "그들의 결정은 파급력이 세다. 그들은 경영자이자 발명가, 정치인이나 군사 지도자다. 평범한 위치에 머물지 않는다. 그들은 자기가 선 자리에서 성공을 거둔다. 도전을 즐기고 위험을 감수하기 때문이다." 그들의 힘은 위기를 관리하는 데서 진가를 발휘한다. 그들은 지금의 위기도 미래에는 극복될 수 있다는 걸 알고 있다. 실현 가능성에 대한 면밀한 분석과 건전한 인간관이 위기극복을 돕는다.

"왜 그때 리먼 브러더스가 발행한 어음을 사지 않은 겁니까?" 한 은행장에게 기자가 물었을 때, 그는 대답하는 대신 은행장 공동대행 두 명에게 눈짓을 보냈다. "우리가 왜 리먼 어음을 안 샀죠?" 상사가 두 부하 직원에게 물었다.

첫 번째 은행장 대행이 대답했다. "제가 그걸 검토했습니다. 그런데 제대로 이해가 안 됐습니다. 그래서 동료에게 넘기고 전문적 의견을 구했습니다."

지적인 낙관주의자

두 번째 대행이 이어 말했다. "네, 그걸 제가 넘겨받았습니다. 저도 검토했지만 어떻게 돌아가는 건지를 제대로 이해할 수 없었습니다. 하지만 우린 둘 다 대행일 뿐이었고, 그래서 우리는 은행장님께 물었죠."

그제야 은행장이 답을 내놓았다. "하지만 나 역시 제대로 이해할 수가 없었어요. 현직 은행원들이 심사숙고 후에도 분명하게 이해할 수 없었다면, 그건 우리 셋 다 무능하거나 그 상품에 의문점이 많다는 얘기가 됩니다. 그런데 우리는 무능하지 않습니다. 그래서 리만의 어음에 대해선 두 번 다시 생각하지 않기로 결정했습니다."

참으로 현명한 은행원들이 아닐 수 없다! 그들은 야단법석에 휘말리지 않았고 고객들은 이에 감사했다. 실현 가능성에 대한 면밀한 분석 더하기 건전한 인간관, 이것이 낙관주의자를 성공으로 이끄는 공식이다. 이 공식은 손해를 예방한다. 현실적 검토는 최상의 방어책이기 때문이다. 여기에 미래의 실현 가능성에 대한 믿음이 추가된다. 비관주의자와 달리 낙관주의자는 가능성을 믿으니까. 비관주의자는 기회가 있을 때마다 난관과 어려움을 먼저 본다. 반면, 낙관주의자는 난관에 부딪칠 때마다 기회를 본다. 최고의 낙관주의자는 심지어 그 상황을 즐기기까지 한다.

최고의 낙관주의자는 인생의 특별제안에 현혹되지 않는다. "그건 쉽게 가질 수 있고 당장은 흥미로워 보일 수 있다. 하지만 실제로 실현할 수 있는 기회일까?" 기회지능은 명확한 목적의식을 전제로 한다. 점점 더 조밀해지는 시장 환경 속에서 이 능력의 중요성은 배가된다. 변화지수가 높은 경영자는 새로운 시장을 개척함으로써 기존 시장의 치킨게임에서 우아하게 몸을 빼낸다. 그는 기회를 활용하기 위해선, 1%의 영감과 99%의 땀이 필요하다는 걸 누구보다 잘 안다. 그래서 그는 기꺼이 땀을 흘린다.

그 점이 유리하게 작용해 그는 갈수록 더 많은 기회를 얻는다. 능력이 같을 땐 최고의 낙관주의자가 선호되는 법이다. 그는 원하던 자리에 오르고 대규모 계약을 따낸다. 그리고 점점 더 많은 성공을 거둔다. 그는 업무상 스트레스에도 불구하고 너그럽게 반응하고 심지어 여유로우며 거의 언제나 유쾌한 기분을 유지한다. 그래서 사람들은 기꺼이 그와 함께 비즈니스하기를 원한다. 최고의 낙관주의자는 비즈니스를 즐기고 사무실 분위기를 밝게 만들고 직장의 일상을 부드럽게 이끌어 간다. 그리고 다른 사람들은 그 점에 감사한다. 최고의 낙관주의자는 성공할 수 있다는 희망을 보여준다. 그는 장 자크 루소가 주창한 낙관적 인간상을 따른다. 그렇다고 '사람은 사람에게 늑대'라는 토머스 홉스Thomas Hobbs의 비관론을 아예 모르는 건 아니다. 말 그대로 다른 사람에게 으르렁대는 사람이 있다. 최고의 낙관주의자는 사회생활에서 지금 눈앞에 있는 자가 누구인지를 매우 신중하게 분석한다. 공정한 사람을 만나면 비즈니스맨의 악수를 청하고, 동료로서의 친목을 도모하고, 공생과 지속 가능성을 추구한다. 하지만 이빨을 드러낸 자를 만나면 그도 이빨을 드러낸다. 누군가 그를 기만하려 한다는 걸 깨달은 순간, 그 또한 상대가 뿜어내는 비우호적 감정을 따라 위협적으로 응대한다. 그렇게 상황에 따라 자기방어 모드, 혹은 공격 모드의 스위치가 켜진다. 그는 비관적 견해가 긍정적 효과를 낼 때가 있다는 것도 안다. 목적 낙관주의자와 반대로 최고의 낙관주의자는, 아닌 건 아니라고 말한다. 이타적 낙관주의자와 달리, 어떻게든 모든 게 잘 될 거라고 기대하지도 않는다. 그는 사랑을 담은 포옹부터 먹살잡이까지, 상황에 따라 다양한 레퍼토리를 준비해 둔다.

몽블랑의 CEO였던 볼프 하인리히슈돌프Wolff Heinrichsdorff는 낙관주의가 매우 중요하다는 주제로 강연을 한 적이 있다. 그는 낙관주의자에게 실망이란 희망을 잃어버린 결과가 아니라 망상으로부터 풀려난 결과물이라고 말했다. 물론 낙관주의가 전부는 아니다. 그 장점을 상황에 맞게 관철시킬 공격성도 필요하다. 여기서도 정도가 관건이다. 너무 신랄한 자세를 취하면 적군이 너무 많이 늘어난다. 그렇다고 알 듯 모를 듯 은근슬쩍 하는 것도 그들의 방식이 아니다. 그는 긍정적 공격을 선호하고, 게임의 규칙을 지키며, '팔꿈치 워리어'와는 확실하게 선을 긋는다. 그도 결국 자기 이익을 추구하지만, 그렇다고 같은 처지의 경쟁자들을 파멸로 몰아가진 않는다. 그는 자신과 겨뤄서 진 사람들을 무시하기 보단 존중한다. 그리고 자기가 어려울 때 도와준 사람을 잊는 법도 없다. 정의와 신뢰, 진정성은 그에게 소중한 가치다. 경쟁에 들어가면 원하는 바를 얻기 위해 전력을 다하며, 전략적으로 생각한다. 비즈니스에서 상처 입는 건 불가피한 현실이란 점을 받아들이고, 그 상처를 치료하는 나름의 노하우를 갖고 있다. 그의 공격성은 이상의 현실화를 돕고, 그 과정을 방해하는 사람에겐 본때를 보여줌으로써 낙관주의의 엔진에 불을 붙이는 기능을 한다.

발투스 베크만은 회의 이틀 전에 휴가에서 돌아왔다. 휴가 전부터 그는 그 회의 결과 자신이 새로운 직책을 맡도록 결정될 거라고 확신했다. 그런데 막상 회의에 들어가서 보니 분위기가 심상찮았다. 회의 참석자 중

지적인 낙관주의자

원래 담당자가 아닌 사람 몇몇이 보였다. 회의가 시작되자 상황이 확실히 보였다. 동료인 사비네가 손을 들고 베크만이 그 직책을 맡는 데 문제가 있다고 주장하면서 자기가 그 일을 맡겠다고 한 것이다.

그가 휴가를 간 동안 사비네는 준비를 많이 한 모양이었다. 그녀는 자신에게 유리한 주장을 거침없이 펼쳤다. 원래 담당자가 휴가를 간 사이에 대리인으로 참석한 새로운 인물들은 그녀의 주장에 느긋하게 고개를 끄덕였다. 회의의 결론은 그의 예상에서 완전히 빗나갔고, 거의 그렇게 결정된 것처럼 보였다. 하지만 그렇게 되도록 보고만 있을 순 없었다!

베크만은 일단 전열을 재정비할 시간을 벌기로 마음먹었다. "사비네는 거짓말을 하고 있습니다!" 그는 느닷없이 큰 소리로 말했다. 부연설명도 없었다. 모두들 말은 하지 않았지만 어이없다는 표정으로 그를 쳐다보았다. 베크만은 그들의 시선을 무시했다. 그리곤 마치 아무 일도 없었다는 듯이 잠자코 있었다. 베크만의 무례함에 회의는 멈췄다.

사장이 나서서 상황을 수습하려 했다. "여기 기차 두 대가 터널에서 서로를 향해 돌진하고 있는 게 보이는군."

베크만이 반박했다. "저는 여기에서 거짓말하는 사람 한 명밖에 안 보이는데요!" 회의장의 분위기는 얼어붙었고, 결국 회의는 중단됐다. 사람들은 대화가 좀 더 필요하다며 그 어떤 결정도 내리지 않았다. 자리는 누구에게 갈지 정해지지 않은 채 그대로 남아있었다. 적어도 베크만이 휴가를 간 사이에 그물을 짜고 기다린 사비네의 손에 넘어가지는 않았다.

다음 회의는 열흘 후로 잡혔다. 그때까지 베크만은 자신의 네트워크를 활성화시킬 시간을 벌었다. 두 번의 실수는 없을 것이다!

최고의 낙관주의자라면 이런 식의 야단법석을 일으키지 않는다. 그에겐 건전한 불신감이 있다. 누구나 자신의 영역을 위해, 자신의 부서를 위해, 자신의 회사를 위해 싸운다는 점을 잘 알고 있기에, 그 과정에서 갈등이 일어날 수 있다는 것 또한 당연하게 받아들인다.

창업자이자 테크놀로지 전문가인 프랑크 텔렌은 투자할 때 혁신적 아이디어만큼이나 인간적 요소를 중요하게 여긴다. "창업자는 우리 앞에 어떤 일이 일어나든 이건 반드시 해낸다는 확신에 찬 근성이 반드시 있어야 한다." 그는 창업자 특유의

지적인 낙관주의자

낙관적 근성에 "세상을 변화시키는 바이러스"란 별명을 붙였다. 물론 여기서 변화의 방향은 긍정적인 쪽을 향한다.

승리를 경험하면 낙관주의는 강해진다. 그건 우리 연구에서도 증명된 바다. 크든 작든 승리해 본 사람만이 아는 사실이다. 사회적 지위 면에서나 생활 면에서 성공한 사람들을 인터뷰해 보면, 그들은 자신에게는 물론 사회 전체에 대해서도 매우 긍정적인 이미지를 갖고 있다. 일반인 평균보다도 훨씬 긍정적인 이미지다. 결정권자일수록 업무 부담이 많다. 하지만 성공의 쾌감, 지위에서 오는 만족감, 창의성이 발휘될 때의 즐거움 등이 그 부담을 상쇄하고 긍정적 이미지를 남기는 것이다. 최고의 낙관주의자는 '행동은 의연하게, 태도는 부드럽게fortiter in re, suaviter in modo'라는 원칙을 좋아한다. 상황을 좌우할 힘이 클수록 친절하게 반응할 여유도 늘어난다.

비즈니스 세계에서 자신의 권력이 감소할지도 모른다는 예상은 언제나 공격성과 불공정한 경쟁을 유발하기 마련이다. 그런 예상만으로도 공격적 반응을 보이기에 충분한 조건이 된다. 그래서 최고의 낙관주의자는 경쟁을 예상하지 않는다. 경쟁을 염두에 두고서는, 포괄적이고 부정적인 공격성을 제어할 수 없기 때문이다. 오히려 성공을 위해서라면 부당한 수단도 불사하겠다는 의지가 커진다. 가상의 경쟁자가 자신의 존재를 위협하는 상황을 가정하면, 공격성도 불공정성도 모두 합리화된다. 손꼽히는 부자들 사이에서 권력 투쟁이 더 격렬하게 벌어지는 까닭도 여기에 있다. 경쟁을 가정하고 모든 수단을 강구하는 건 경제 엘리트들의 단골 레퍼토리이기 때문이다.

많은 경제 지도자들이 권력 약화를 두려워한 나머지 합법과 불법이 모호한 회색지대에 발을 들인다. 그리고선 자칫 불법의 선을 넘는 실수를 저질러 그 대가로 자기 밥그릇을 내놓아야 할지 모른다는 지극히 비관적인 두려움에 시달린다. 워런 버핏Warren Buffett은 올라가기까지 20년이 걸린 자리를 내놓는데 5분의 실수로 충분하다고 생각하는 사람은 점점 더 몸을 사릴 수밖에 없다고 말한다.

요즈음엔 협상실패나 판단착오 때문에 출세가도에서 낙마하진 않는다. 오늘날 날던 새가 떨어지는 건 그보다 사소한 문제 때문이다. 관용차를 타고 북해로 가족여행을 떠났다거나, 회사 직원들과 회식을 한 것처럼 레스토랑 영수증을 위조했다는 이유가 대표적이다. 최고의 낙관주의자는 그 사실을 잘 알기에 그러한 회색지대를 만들지 않는다. 그는 업무상 행동을 할 때마다 이 사실이 내일 아침 조간 1면에 났을 때 부끄러워해야 할 행동인지를 자문한다. 단순하면서도 효과가 큰 전략적 사고방식이다. 이런 생각법을 머릿속에 익히면 위험요소를 빠

지적인 낙관주의자

르게 예견하고 방지할 수 있다.

최고의 낙관주의자는 회색지대 대신 큰 프로젝트에 집중하는 걸 선호한다. '불가능'이란 단어를 들으면 그의 마음속엔 도전정신이 발동한다. 호기심을 자극해 무언가 대담한 일을 시도하도록 만드는 것이다. 최고의 낙관주의자라고 모든 불가능을 가능으로 만드는 건 아니다. 하지만 최고의 낙관주의자는 그걸 시도하거나 꿈꾸는 사람들에게 언제라도 긍정적 도움을 줄 준비를 하고 있다.

최고의 낙관주의자에겐 모든 게 가능하다. 우리는 그저 익숙한 현실만이 아니라 좀 더 나은 현실을 떠올리고 그게 가능하다고 믿어야만 한다. 그런 낙관주의가 없었다면 아마 최초의 우주왕복선은 발사조차 되지 못했을 것이다.

낙관주의가 없다면 새로운 발명품이 나올 일도, 벤처기업에 돈이 투자될 일도 없다. 사생활에서라면 재혼 혹은 세 번째 결혼 같은 단어가 존재할 수 없을 것이다. 하지만 이 모든 일은 일어난다. 인간의 낙관적 뇌는 머릿속으로 희망찬 미래를 여행하는 환상적 능력을 갖고 있기 때문이다. 캐나다 심리학자인 엔델 툴빙 Endel Tulving은 그 능력에 "정신적 시간여행"이라는 이름을 붙였다.

"우리가 우리의 미래를 상상할 수 없다면, 장밋빛 미래를 그릴 수도 없다. 어떤 힘든 일을 견뎌내야 할 때, 우리는 상황을 바꾸어 생각함으로써 훗날의 보상을 눈앞에 그려본다. 정신적 시간여행의 능력이 인간의 진화 과정에서 선택받아 온 이유가 금방 이해될 것이다. 우리가 백 년 후 세상을 상상할 수 없다면 누가 지구온난화 문제에 관심을 가지겠는가?"

정신적 시간여행이 없다면 해양연구소에서 대서양 연구를 맡고 있는 저명한 기후연구가 모집 라티프Mojib Latif 같은 사람은 그저 무시당하고 말 뿐이다. 아예 그런 연구소 자체가 존재하지 않았을 것이다. 최고의 낙관주의자는 그 사실을 잘 안다. 그래서 정신적 시간여행의 능력을 백분 활용해 세상에 빛을 비추고 새로운 일자리를 만들 계획을 세운다. 그 이유에 관한 대답은 뇌과학에서 찾을 수 있다. "우리들 대다수는 낙관주의자다. 물론 실제로 좋은 일이 일어나기도 하지만, 우리의 기대는 보통 실제 일어나는 일을 넘어선다. 우리가 유쾌한 생각에 몸을 맡기길 선호한다는 건 과학적으로도 증명되었다."
미래의 유쾌함을 미리 맛보는 즐거움이 낙관주의를 낳은

것이다. 하지만 그러한 즐거움이 이성적 사고와 저항, 그리고 사기를 꺾어놓는 비판에 부딪칠 때도 적지 않다. 당신이 낙관주의를 포기한 이유 또한 거기에 있을 수도 있다. 하지만 나는 포기하지 않았다. 정말 그런 이유 때문에 유쾌한 기분과 낙관적 인간관을 모두 잃어버리고 살 것인가? 나는 그러지 않을 것이다. 당신 또한 낙관주의자로 살길 원한다면 당신에겐 '고어텍스 멘탈'이 필요하다.

Chapter 3

낙관주의자가
남들보다
많은 것을 이룬다

"낙관주의자는 현재에 만족할 줄 알고 유쾌하기 때문에 사랑을 받는다. 그들은 실패하거나 궁지에 몰렸을 때도 상황을 잘 극복하고, 병적 우울증에 걸린 위험도 매우 낮다. 면역이 강하고 실제로 기대수명도 평균보다 높다. 낙관주의의 축복을 받아 세상을 바라보는 렌즈에 장밋빛을 살짝 넣은 사람은 사업에서 이윤을 낸다. 그들은 현실을 망각하지 않으면서도 긍정적인 면을 강조할 줄 안다."

_____ 대니얼 카너먼, 노벨 경제학상 수상자

불쾌함을 흘려보내는
고어텍스 멘탈

최고의 낙관주의자에겐 특별한 위협이 찾아왔을 때 자신의 정신적, 신체적 능력을 끌어올리는 재주가 있다. 비판이 합당하든, 밑도 끝도 없는 소리든 간에 짜증나긴 매한가지다. 디지털 세상에선 혐오발언이나 욕설 댓글이 무한정 복사되어 돌아다니는 탓에 그로 인한 짜증 또한 증폭된다. 하지만 최고의 낙관주의자는 그런 일에 가담하지 않는다. 그는 비판할 만한 면이 있다 하더라도 변화로 이어지는 비판을 위해 진지하게 고민한다. 남의 약점을 파고들기를 좋아하는 교활한 험담꾼의 공격을 받을 때도 있다. 그럴 땐 '고어텍스 멘탈'의 도움으로 쉽게 털어버린다. 어떤 기후상황도 견뎌내는 고어텍스 재질처럼, 모든 불쾌함을 표면에서 흘려보내는 것이다. 성공하는 사람을 위한 낙관주의의 4단계를 떠올려보자. 어떤 목표가 정해지면 모든 수단을 동원해 그 목표를 성취한다. 비판이 있어도 내 갈 길을 간다.

이런 저항력은 맞바람이 불 때도 실현 가능성에 관한 믿음을 잃지 않고 자기 자리를 지키는 힘이 된다. 넘어져도 일어나는 오뚝이 정신이다. 오뚝이 정신엔 경쟁에서 드러나는 호전성과 자기 잠재력에 대한 신뢰, 그리고 새로움은 시도해 볼 가치가 있다고 믿는 도전정신이 포함된다.

카를 벤츠Carl Benz는 자동차를 발명하는 대신 마차를 타고 이곳저곳을 돌아다녀도 상관없었다. 게하르트 슈뢰더Gerhard Schröder는 전방위 사회개혁이란 전쟁에 뛰어드는 대신 남은 임기를 편안하게 즐길 수도 있었다. 구글은 안드로이드 시스템을 오픈하고 수천의 개발자들이 스마트폰 어플리케이션을 개발하도록 독려했다.

아무것도 하지 않고 굴러가는 대로 일을 놔두자는 생각의 위험성을 경고한 18세기 영국의 철학자 에드먼드 버크Edmund Burke의 권유를 받아들인 것이다. 그는 악이 승리하기 위해 필요한 단 한 가지는 선한 사람들이 아무것도 하지 않고, 권력 게임을 악에게 위임하는 것이라고 말했다. 낙관주의자는 이 말의 의미를 이해하고 행동하는 사람이다. 이타적 낙관주의자라면 조금 주저할 테지만, 지적인 낙관주의자라면 좀 더 강하게 밀어붙일 것이다. 그에게 성공이란 옆 사람을 팔꿈치로 밀어내고 거머쥐어야 하는 자신만의 아주 작은 조각이 아니다. 낙관주의자는 전체의 눈으로 성공을 조망하며 모두가 함께하는 게 성공이라고 생각한다.

성공은 세 가지 수준으로 나뉜다. 나 자신을 위한 성공과 내 회사를 위한 성공, 그리고 사회를 위한 성공이다. 이 성공을 개별적 조각이 아니라 하나의 덩어리로 생각할 때 바로 지속가능한 성공을 위한 낙관주의의 삼박자가 완성된다.

1. 자신의 아이디어를 직접 추진하거나 파트너의 프로젝트에 힘을 보태는 사람은 유쾌한 기분을 느끼고, 개인적으로 더 성공에 가까워지고, 더 좋은 인맥을 쌓게 되며, 아마 돈도 더 많이 벌게 된다. 이기적 차원에서 자기 자신에게 유익한 일이다.

2. 이런 아이디어나 프로젝트는 회사차원에서도 좋은 일이다. 그것을 기반으로 새로운 상품이 개발되고, 혁신적 개념이 자리 잡으며, 새로운 일자리가 만들어진다. 회사를 위해 유익하며 희망찬 미래를 그릴 수 있다.

3. 이렇게 경제적 확장이 일어나면 세수도 늘어나서 국가의 재정에 도움이 된다. 경제가 살아나면 사회 개선을 위한 세금도 늘어난다.

오늘날 사회적 시장경제에서 '윈-윈-윈'을 가능케 하는 이 삼박자에는 낙관주의자가 무엇보다 크게 기여했다. 경제적, 학문적, 사회적, 문화적, 생태적 성공이 그들이 목표기 때문이다. 바로 이점에서 대니얼 카너먼이 낙관주의를 "자본주의의 동력"이라고 말한 것이다.

최고의 낙관주의자는 경쟁에서도 자신만의 태도를 탁월하게 적용한다. 그 어떤 역학관계에서도 적절한 수단을 찾아 이 삼박자를 연주하기 때문이다. 그렇다고 모두가 함께 가기 위해 무조건 속도를 줄이는 건 아니다. 맥주 광고 모델처럼 철학자의 고요함을 즐기는 건 이타적 낙관주의자다. 대니얼 카너먼이 동력이라고 말한 낙관주의는 지적인 낙관주의자가 굴리는 고속회전 엔진을 뜻한다. 감속은 그를 짜증나게 만든다. 브레이크를 밟는 동안 다른 경쟁자들이 추월하도록 시간을 내주는 셈이기 때문이다. 감속은 그들에게 물리적 장애를 일으키기까지 한다. 효율적 리듬으로 움직여 온 고속엔진은 너무 오래 쉬면 고장이 난다. 100% 가동되던 엔진을 갑자기 100% 정지하는

지적인 낙관주의자

건 오히려 해가 된다. "여유를 가져라!", "속도를 늦추라!", "스스로에게 부담주지 마라!", "그건 다음 주에 해도 된다." 등의 말은 최고의 낙관주의자와 어울리지 않는다.

그렇다고 오해하진 말길. 지적인 낙관주의자가 어떤 대가를 치르고서라도 속도를 추구하는 건 아니다. 일과 생활의 균형은 우리가 번아웃 되지 않도록 지켜주는 소중한 규칙이다. 무엇보다 노동하는 인간이 성과 스트레스와 사생활 사이에서 균형을 잘 잡아서 아이들의 성장과 함께하고 배우자의 요구에 부응할 수 있다면, 그래서 비관주의자의 생애주기에 나타나기 마련인 이별을 개인사에서 경험하지 않을 수 있다면, 그보다 더 좋은 일은 없을 것이다. 또한 인간이 감당할 수 있는 업무능력을 현명하게 측정하는 일도 중요하다. 우리는 누구나 물리적 한계를 인정해야만 하는 존재이기 때문이다. 그래서 자신에게 맞는 속도를 분석하는 게 중요하다. 사람마다 맡고 있는 업무의 틀이 다르기 때문에 속도 또한 개인적으로 측정돼야 한다.

속도는 빠를수록 좋다. 돈도 빨리 벌수록 좋다. 하지만 무엇이든 미래보단 현재가 중요하다. 지적인 낙관주의자는 "지붕 위 비둘기 보단 손 안의 참새"란 속담을 좋아한다. 그는 참새를 더 좋아한다. 근본적으로 '아마도 긍정적일' 미래보다 현재에 더 높은 가치를 매기기 때문이다.

낙관주의자에게 성과에 대한 보상으로 오늘 1,000유로를 받을 것이냐, 아니면 1년 후에 2,000유로를 받을 것이냐를 묻는다면 그들 대부분은 빨리 받는 쪽을 택할 것이다. 돈 줄 사람이 1년 후에도 돈 줄 능력을 유지하고 있을지는 아무도 모르는 일이기 때문이다. 그런 위험부담이 없고서야 시간이 지났다고 1,000유로를 더 얹어줄 이유가 없지 않은가? 현실적으로 위험을 분석해 상대를 믿을 수 없다는 판단을 내렸다면 1,000유로를 확보한 것에 만족하는 편이 현명하다.

　『낙관주의자를 위한 돈의 법칙』을 쓴 케텔러Ketteler, J 역시 빨리 받는 1,000유로를 선호한다. 그는 법학과 졸업생들을 대상으로 낙관주의와 연봉수준의 상관관계를 연구했다. 그 결과, 테스트에서 나온 낙관주의적 성향이 강할수록 훗날 평균 연봉이 높은 것으로 나타났다. 기대를 넘어선 결과다. 하지만 낙관주의자의 삶이 그렇지 않은 사람보다 더 나은 방향으로 나아간다는 사실을 받아들이면, 비단 금전문제에서만 다른 영역에서도 낙관주의자가 우위에 있다는 걸 이해하게 된다.

내향성과 외향성의 조화

다양한 직종과 직위에 종사하는 직장인들과 경쟁과 조화 중 무엇이 더 나은 전략인지를 토론하다 보면, 낙관주의자들 사이에선 의견이 하나로 모아진다. 둘 다 선택할 수 있지만 조화를 선택할 때 기쁨이 더 크다는 것이다. 사실 어떤 전략을 선택할 것인지는 상황에 따라 다르다. 역할분담이 잘된 팀 안에서라면 조화롭게 의욕을 불태울 수 있을 것이다. 반면, 위선자나 적대자와 맞서야 할 때는 어느 정도 치열한 경쟁전략도 필요하다. 나는 웹진《클라텍스트》에 기고한 글에서 이 질문이 실제 비즈니스 세계를 어떻게 움직이는지를 설명했다. 기고문의 제목은 「경쟁 vs. 조화 : 어느 전략이 더 성공적인가?」이다.

"내용에만 신경을 쓰고 회사의 권력구조를 꿰뚫어보지 못하는 사람은 금세 경쟁적 출세 지향자와 문제를 제기하는 사람들의 관심권에서 멀어진다. 그건 곧 변해야 한단 뜻이다. 자기 아이디어를 관철하기 위한 규칙을 제대로 알고 있을 때, 권력과 출세를 위한 게임을 꿰뚫고 있을 때, 그 사람이 주도하는 혁신과 그 사람의 출세가도에 제동을 걸기 힘들어진다. (…) 결론적으로 말하자면, 도덕적 이유로 긍정적 공격을 거부하는 사람은 경쟁에서 제몫을 차지하는 데 어려움이 있다."

이 글을 게재한 지 48시간 만에 3만 5천 개의 댓글이 달렸다. 그건 개인 상담사 실비아 뢰흐켄Sylvia Löhken이 내성적 인간을 무시하지 말라며 반박글을 올린 덕분이기도 했다. 그녀의 말처럼 내향적인 사람은 출세하는 데 특별한 강점을 갖고 있다. 그들은 순도 높은 주의력으로 특별히 좋은 점수를 따곤 한다. 실비아 뢰흐켄의 표현을 따르자면, 수많은 "조용한 사람들"은 자기비판성향이 너무 강하고 확신이 없다. 하지만 그들의 머뭇대는 캐릭터는 오히려 강한 개성과 반짝이는 아이디어의 다른 표현일 수도 있다.

지적인 낙관주의자

"그들은 속으로 똑똑한 아이디어를 내고, 깊은 관계를 유지하고, 일어난 사건을 성찰하고, 다른 사람들의 고민에 귀를 기울이는 능력이 있다. 그들은 자신만의 장점을 활용해 이익을 추구하고, 동기를 유발하고, 관계를 맺고, 공격에 자주적으로 맞선다. 그들만의 방식과 그들만의 수단으로. 직업적 성공을 거두는 데 언뜻 내향성은 방해가 될 것처럼 보인다. 나서야 할 때 나설 줄 모르고, 사교적이지 못하며, 추진력이 약하기 때문이다. 하지만 위에서 언급한 내향성의 강점을 아는 사람은 그걸 출세하는 데도 유용하게 활용할 수 있다. (…) 계획성, 설계능력, 분석력은 내성적 인간이 가진 최대 강점이다."

내향성과 외향성의 적절한 혼합은 어느 영역에서나 중요하다. 한 사람이 공격적인 동시에 신중하기는 어렵기 때문이다. 하지만 팀 안에서라면 두 가지 성향이 상호보완을 이룰 수 있다. 두 가지 전략을 동시에 구사한다면 목표를 성취하기가 한결 수월할 것이다.

낙관주의자는 그 사실을 잘 알고 팀내 협력을 추구한다. 긍정적 방식으로 접근하면 외향적인 동료와 내향적인 동료의 협력은 전혀 어려운 일이 아니다.

내 글에 달린 댓글은 외향성과 내향성이 어우러져야 한다는 의견에 환호를 보냈다. 내향적 동료가 자신만의 방어적 공간에서 나와서 목표 지향적 기여를 하려면 넘어야 할 장애물이 많다. 그래서 외향적 동료보단 더 많이 애를 써야 한다. 하지만 둘의 조화로 인해 얻게 될 상호이익의 가치가 더 높으므로 노력할 이유가 충분하다. 내향적인 사람들은 그들의 가치를 부드럽게 흔들어 깨워줘야 하는 예민한 동료 혹은 까다로운 비즈니스 파트너다. 그들은 특유의 수동성 때문에 주로 다른 사람을 돌보는 조력자 역할을 강요받았다. 다른 동료들도 내향적 동료를 원한다. 그들의 장점이 어려운 상황을 해결하는 데 도움이 되기 때문이다. 댓글 토론자들은 내향적 사람들을 목표 지향적 업무에 참여시키기 위해선 성의 있는 피드백이 필요하다는 데 의견을 같이 했다. 내향적 동료가 재능을 발휘할 수 있도록 응원을 해줄 필요가 있다는 것이다.

낙관주의자는 내향적인 동료의 잠재력을 끌어내기 위해 노력한다. 내향적인 사람들은 자기 홍보에도 약하므로 마치 보석을 발굴하는 것처럼 캐내야 한다. 그들에게 자기 홍보는 허풍을 떠는 것처럼 겸연쩍은 일로 여겨지며 이는 직업적 성공을 거두는 데 분명한 단점으로 작용한다. 무시당하지 않으려면 중요한 것은 밖으로 표현해야 한다는 걸 그들에게 알려줄 필요는 있다. 그래서 낙관주의자는 회사 전체에 이들의 숨은 능력을 홍보하고 다닌다. 내향적 동료로서는 고마운 일이 아닐 수 없다.

　이론대로라면 내향적인 사람들은 자기 경영 세미나 같은 곳에서 공격법을 터득해 부족한 부분을 채울 수 있어야 한다. 하지만 그건 그저 이론일 뿐이다. 그들은 그런 걸 기뻐하지 않는다. 생각이 많고 감수성이 예민한 사람들을 외향적인 전사로 만들려 해선 안 된다. 경제계가 내향적인 사람들에게 충분한 자리를 내어주고 경쟁상황에서 배려해주길 바라는 소망 또한 아름답지만 넌센스다. 타나토스Thanatos, 즉 선의로든 악의로든 공격적으로 반응하는 능력은 인간 누구에게나 잠재돼 있고 경쟁상황에서 언제나 그 실체를 드러낸다. 그래서 내향적인 사람들에겐 그들의 아이디어를 위임받아 선전하되 훔쳐가진 않을 동료가 필요하다. 거기에 그들의 의견을 진지하게 받아들이려는 분위기가 더해지면 금상첨화다. 더불어 그들의 가치를 높이 평가한다는 신호가 필요한데, 그건 조직 리더들의 몫이다. 외향적인 권력자들은 내향적인 직원의 입을 다물게 만든다. 내향적인 직원들은 자신의 주장이 상사와 어긋나고 그걸 유지할 경우 자기 경력을 망칠 수 있다는 걸 깨닫는 순간 금세 그 주장을 포기한다. 그들 고유의 성격상 공격이란 있을 수 없는 일이다. 공격적 전략은 그걸 제대로 구사할 줄 아는 사람에게만 매력적이고 성공적인 수단이다.

실비아 뢰흐켄이 강조한 바에 따르면, 내향적인 사람들과 관계를 유지하는 것은 아주 어려운 도전이다. 시시각각 변하는 비즈니스 세계에서 다른 사람을 경청하고 관찰하고 공감하고 그와 관계를 맺고 서로의 의견을 교환할 시간을 내기란 쉽지 않기 때문이다. 내향적인 사람들은 전략회의에서 의미 있는 결론을 이끌어내는 데도 남들보다 더 많은 시간이 필요하기 때문에 그들에게 하루가 36시간이라면 좋을 테지만, 이 또한 불가능한 일이다. 그러나 내향적인 사람들과 조화를 이루는 조직이 건전하다. 그들은 자기 것을 잘 드러내지 않는 성품 덕에 허풍이 없다. 넘치는 의욕으로 허풍쟁이가 되기 쉬운 낙관주의자의 성향과 적당한 균형을 이루는 것이다. 내향성의 스펙트럼은 자발적인 포퓰리스트부터 현실 파괴적인 낙관주의자까지 매우 다양하다. 하지만 낙관주의자들은 그 모두를 사랑한다! 낙관주의자들 내향성이나 외향성 중 하나를 지향하는 게 아니라 둘 모두의 편이다. 단, 최고의 낙관주의자는 특유의 속성 상 외향적 성향이 좀 더 도드라진다.

지적인 낙관주의자

"우리 모두 자신을 조금씩 과대평가할 때, 큰 과제에 손을 댈 수 있다. 그렇게 식량문제에 대한 답으로 인공고기가, 기후변화에 대한 답으로 마차시대로 회귀하는 대신 전기자동차가 나온 것이다. 그러니 우리에겐 긍정적인 생각에 에너지를 불어넣고 사회를 위해 기여하는 낙관주의자가 필요하다. 끊임없이 일하는 낙관주의의 영구기관Perpetuum mobile이 가동돼야 한다. 낙관주의는 결국 '열심히 기능한다'는 뜻이다."

Chapter 4

낙관주의자는
낙관주의자로
태어나지 않는다

"낙관주의자는 낙관주의자로 태어나지 않는다. 학교에서, 직장에서, 자신의 기회를 테스트하고 자신만의 성공을 추구하는 과정을 통해 그들은 만들어진다."

_____ 미리엄 메켈, 저널리스트 겸 교수

낙관주의자의 탄생

낙관주의는 저절로 이뤄지지 않는다. 낙관주의는 개인적 태도와 교육, 사회의 영향력과 직장에서의 경험이 어우러진 결과다.

우리의 생활과 직장에서 낙관주의가 늘어날수록 좋다. 나는 그 점을 확신한다. 유년기는 낙관적 잠재력을 형성하는 기본이 된다. 유년기에 얻은 잠재력으로 훗날 직장에 들어가 큰 산을 옮기는 것이다. 낙관주의는 그들의 인격과 창의력, 상업적 감각과 성공을 향한 의지 등과 연관된 개념이다.

그렇다면 어떻게 하면 그 잠재력에 불을 붙일 수 있을까? 매우 흥미로운 질문이 아닐 수 없다. 경영컨설턴트 쾰러는 같은 질문을 좀 더 구체적으로 풀었다. "왜 우리 중 다수는 일생일대의 기회를 알아차리지 못하는 걸까? 왜 우리 중 다수는 인생이란 여정에서 행복과 권력을 얻을 수 있는 자신만의 방향을 찾아갈 능력을 잃어버린 걸까?" 그 반대가 되기 위해선 어떻게 해야 하는 걸까? 우리에게 필요한 이상적이고 낙관적인 사회화는 어떤 모습일까?

나는 20년간 같은 주제로 강의를 해 왔다. 사회화 과정에서 우리의 비관주의 혹은 낙관주의를 조장하는 요소가 무엇인가 하는 질문은 사회화 연구가 공통적으로 관심을 보여 온 질문이다. 연구자들은 아주 구체적으로 인간의 성공적 발전과 실패적 발전을 탐구해왔다. 한 인간이 세무사가 되느냐 아니면, 토마스 만Thomas Mann 소설에 나오는 고등사기꾼 펠릭스 크룰의 전철을 밟느냐를 결정하는 요소가 무엇인지를 알아내고자 한 것이다. 질문을 더 단순하게 해 보면 이렇다. 왜 어떤 사람은 은행원이 되는 대신 은행 강도가 되는 걸까?

그 질문에 관한 대답을 듣기 위해 은행 강도를 네 번 저지른 범인을 내 강의에 초청했다. "내가 은행 강도가 된 것은, 그럴 수 있었기 때문입니다. 어떻게 은행에 들어갈지, 어떻게 나올지에 관한 아이디어가 있었기 때문입니다. 그리고 그 아이디어가 몇 번 성공하다 보니 점차 용기가 생겼기 때문입니다."

그에겐 한 치의 도덕적 의심도 없었다. 성공에 관한 흔들림 없는 믿음만이 있었다. 그는 자신이 평균보다 똑똑하다고 믿었다. 그는 범죄자였고, 그중에서도 길을 잘못 든 목적 낙관주의자였다. 그가 세 번째 은행 강도를 성공적으로 마친 뒤 그만두었더라면 내 강연에 초대될 일도 없었을 것이다. 그는 적절한 순간 범죄를 그만두고 다른 인생을 살 수도 있었다. 이미 그의 재정적 상황은 여유롭다 못해 흘러넘칠 지경이었지만 그는 멈추지 않았다. 그는 습관적으로 강도질을 하다 결국 붙잡혔으며 장기복역을 면치 못하게 되었다.

직장생활에서 필요한 긍정적 공격성은 컨설팅과 훈련을 통해 학습할 수 있다. 특히 비즈니스 세계를 헤쳐 나가야 하는 기업의 임원이라면 긍정적 공격성 훈련을 통해 생존을 위한 추진력을 키워나갈 수 있다. 이런 방식의 직업연수를 '3차 사회화'라고 부른다. 사회화는 그 사람이 기업 대표이든, 은행 강도이든 낙관주의자의 길로 향하도록 지원한다.

성공하는 데는 추진력이 많이 필요하다. 하지만 스스로 교만에 빠지지 않을 정도, 이기적 출세 지향자가 되지 않을 정도를 지키는 게 중요하다. 자기 생각만 하는 출세 지향자는 알고 보면 성취 부진아보다도 성취도가 낮은 것으로 평가되었다. 이기적 출세 지향자는 함께 일하기 그리 유쾌하지 않은 성향을 보여준다. 90%의 자기중심성과 10%의 공정함이 어우러진 결과다. 친밀한 환경 혹은 자기가 장악한 관계망 안에선 공정함이 아예 사라지고 그 10%를 친밀함이 차지한다. 게다가 이기적 출세 지향자가 다른 사람들을 바라보는 시각 또한 상당히 비관적이다. 동료든 상관이든 높이 평가하는 법이 없고 자기만 잘난 것처럼 행동하다 보니 그의 주변으론 불쾌감과 짜증, 갈등이 확산된다. 낙관주의자는 이와 정반대다. 그는 90%의 공정함을 선호한다. 자신을 위해선 남은 10%으로도 충분하다.

그렇다면 우리는 어떻게 낙관주의자가 되는 걸까? 어떻게 해야 비관주의자가 되지 않는 걸까? 우리가 배우자와 직장 동료, 혹은 우리의 자녀를 낙관주의의 길로 인도하려면 어떤 점을 조심해야 하는가? 사회화 연구에 따르면, 낙관주의자로 성장하는 데 바탕이 되는 네 가지 요소는 다음과 같다.

1. 사회. 즉, 우리의 정신에 깊이 새겨진 경제적, 사회적, 정치적, 문화적 구조와 역사적 뿌리. 그래서 미국에선 지향되는 '환호성 낙관주의'가 다른 국가에서 늘 통하지는 않게 된다.
2. 제도. 즉, 우리에게 영향을 미치는 미디어, 기업 그리고 관료주의. 그중 영향력이 가장 센 미디어는, 오직 나쁜 뉴스만이 시장성을 지니고 비판적 보도태

지적인 낙관주의자

도만이 진지하게 받아들여진다는 신호를 보낸다. 이 영역에선 낙관주의의 자리가 매우 좁다.

3. 상호작용. 즉, 우리가 미래를 낙관적 시선으로 조망하고 혁신을 추진하고, 위험을 무릅쓰는 것을 돕거나 혹은 방해하는 가정, 직장 혹은 다른 인간관계 내에서의 반응.

4. 우리의 행동 하나하나에 깊이 각인된 개인적 경험, 태도, 감정. 그리고 충동. 주변에서 얼마나 많은 불평불만이 쏟아지는지와 무관하게 우리가 열정적인 낙관주의자가 되는 데 가장 결정적인 영향을 미치는 요소는 충동이다. 우리의 충동은 계산할 수 없는 상황에서 우리를 조종한다. 어떤 항공사의 프랑크푸르트 지점 연말 파티에서 마주친 다혈질 지점장은 충동에 지배당하는 사람이었다. "타고난 성질은 고칠 수가 없어요." 그는 공격적이고 지나치게 강압적인 요구로 파티 분위기를 엉망으로 만들어 놓은 다음, 변명하듯 이렇게 말했다. 이보다 더한 비관주의는 없었다.

이 네 가지 사회화 요소는 우리의 행동에 영향을 미친다. 우리가 소극적인지, 팀워크에 강한지, 혹은 공격적으로 행동하는 지를 결정하는 요소다. 이 요소가 환상적으로 구성된다면, 당신은 매일 정확한 상황에 정확한 직감으로 정확한 행동을 할 수 있다. 이와 관련해 퀼러는 '상황의 인도'란 용어를 제시했다. 다른 모든 것이 실패해도 끝까지 효력을 발휘할 단 한 가지 지침이자, 시시각각 변하는 사람들의 성향에서 발견된 단 한 가지 불변의 성향이다. "그러니 상황에 따라 나는 당신을 불공정하게 평가하고 그 결과로 불공평한 결론을 내릴 수 있다는 걸 잊지 마세요." 거부할 수 없는 현실적인 조언이다.

지적인 낙관주의자

1차 사회화:
유년기에 형성되는 자기신뢰감

사회화는 전 생애에 걸친 과정이다. 배움은 결코 멈추는 법이 없다. 원하는 과정에 들어가기 위해 정확한 나사를 돌리는 몫은 우리 손에 달렸다. 이 나사는 대부분 교육과정에서 만들어 진다.

낙관주의자는 인생을 긍정적으로 만들어가는 동안 배우의 역할을 넘어 스스로 감독이 된다. 학계에서는 이런 사람들을 '생산적 현실 가공자'라고 부른다. 이들은 각박한 직장생활 속에서도 현실을 능동적이고 목표 지향적으로 구성한다.

ᕦ   발렌틴 파우스트 교수는 교수의 특권을 사랑하시만 업무요청을 받으면 '연구의 자유'를 핑계로 도망쳐버린

다. 학과장은 과를 위해 보고서를 내달라는 요청을 했는데, 쓰는 데 두 시간 정도 걸릴 내용이었다.

"4월까지 내주시겠어요?" 3월에 학과장이 물었다. "가을까지면 충분합니다." 파우스트 교수가 답했다. 그는 가을은 너무 늦다는 걸 알고 있었다. 그의 대답은 완전한 도발이었던 것이다.

스탠포드대 조직학자인 셔튼 교수는 이런 사람을 '악질동료'라고 부르며 그들의 악질적 행태는 재사회화를 통해 제거될 수 있다고 주장한다. 학과장은 파우스트 교수의 재사회화를 위한 계획을 세웠다. 학과장은 자신의 강의시간 배정 권한, 강의실 배치 권한을 교육수단으로 활용했다. 그는 파우스트 교수의 수업을 월요일 1교시, 캠퍼스에서 가장 접근이 어려운 강의실로 배정했다. 수업을 위해 파우스트 교수는 5층을 걸어 올라가야 했다. 그 시간엔 1,400명의 학생들이 같은 건물로 몰리기 때문에 엘리베이터를 타기도 어려웠다.

그렇게 2주가 흘렀다. 학과장은 10시경 5층 강의실 문을 열고 들어가서 파우스트 교수를 보며 짐짓 아무것도 몰랐다는 듯 말했다. "에휴, 강의실 배치가 엉망이네요. 바꿀 수도 있을 텐데."

파우스트 교수는 예상치 못한 여유시간이 생겨서 보고서를 금방 쓸 수 있을 것 같다고 말했다. 학과장은 반가운 소식이며, 그 또한 우연찮게 교수의 연구실과 멀지 않은 곳에 빈 강의실을 발견했다고 화답했다.

그는 학과장을 도발했고 학과장은 기꺼이 그의 도발을 받아들였다. 모든 것은 학과장이 정한 대로 되었으며, 학과장은 결과에 만족했다.

낙관주의의 논리구조에서 학과장의 만족감은 정당하다. 낙관주의자는 상황의 개선을 믿고 그를 위해 행동하는 사람을 뜻하기 때문이다. 학과장은 경영학적 사회화 기법에 따라 어떠한 행동을 했고, 원하는 결과를 얻었다.

독일의 저명한 사회학자 클라우스 후렐만Klaus Hurrelmann은 사회화를 인간성이 형성되는 과정으로 정의했다. 생물리학적 구조를 지닌 유기체로서의 인간이 유물적 환경에서 끊임없이 협상해나가는 과정과 사람 사이의 상호의존적 반응 속에서 사회화가 이뤄지는 것이다. 매우 복잡하지만 학계에선 가장 많이 소환되는 인간발달에 관한 정의다.

이 모든 단계에서 우리는 낙관적 사고에 매료될 수도 있지만, 비관적 사고에 사로잡힐 수도 있다. 이 모든 사회화 과정에서 우리가 앞으로 남은 인생을 수월하게 헤쳐 나갈 것인지, 그렇지 못할 것이지를 결정하는 건 아주 사소한 것일 때도 많다. 미국의 범죄사회학자 데이비드 마챠David Matza는 단 하나의 잘못된 결정이 사람을 기존에 삶으로부터 이탈하도록 만드는 현상을 '표류drift'라고 불렀다. 우리의 직장생활이나 사생활에서 심심찮게 발생하는 이런 바람직하지 못한 현상들의 예시는 다음과 같다.

- 농담이라며 음담패설을 했다가 성희롱범으로 고소당한다.
- 법인카드 영수증을 위조했다가 해고당한다.
- 술에 취해 일탈했다가 원치 않은 임신을 한다.

이처럼 사람은 자칫 잘못하면 삶의 본궤도에서 떠내려가기 십상이기 때문에, 표류하지 않기 위해선 엄청난 자기 절제가 필요하다. 심지어는 묵은 직장 내 갈등 때문에도 표류가 일어날 수 있다.

- 구매부서와 오랜 갈등을 겪은 유통업계 매니저가 있었다. 그녀는 결국 자신에게 맞서는 직원에게 말했다. "당

지적인 낙관주의자

신이 이겼고 내가 졌어요. 하지만 생각해보세요. 당신이 퇴직할 때까지 남은 13년 동안 끝까지 같이 일할 사람은 나라구요." 메시지는 효력을 발휘했고, 사사건건 트집을 잡던 그녀의 적수는 얼마 지나지 않아 미래 협력방안을 타진하는 대화를 요청해왔다. 그는 훗날 문제가 생기는 것을 원치 않았고, 그녀의 직장 내 관계는 탄탄해졌다.

우호적인 사람과의 사내 관계를 관리하는 건 누구나 할 수 있는 일이다. 불협화음 속에서 생산적 관계를 형성하는 것이 낙관주의자의 기술이다. 때론 공감이 아니라 존경이 반대자와의 관계를 잇는 접착제가 될 수 있다. 숙적을 만들지 않고 싶은 마음 또한 쓰임새가 많다. 세상사엔 배울 게 무궁무진하다.

낙관적으로 일에 달려드는 태도는 아주 어릴 때 형성된다. 기본태도와 잠재력은 태어날 때부터 가지고 태어나기 때문이다. 거기서 긍정을 만들어 낼 것인가 말 것인가는 우리와 우리 세계에 달린 문제다. 하지만 부모로부터 "너 도대체 커서 뭐가 되겠니. 너는 실망만 안겨주는구나"와 같은 말을 듣고 자라면 비관주의자 클럽의 입장권을 끊을 수밖에 없다. 많은 사람들이 부모의 말 때문에 좌절한다. 비난을 직면한 어린이는 어른

보다 훨씬 빨리 자신감을 잃고 근본적 신뢰감을 상실한다. 그리고 그 결과로 자신과 다른 사람들에 맞서 격렬하게 저항하게된다. 교육과정에서 굴욕을 경험한 사람들은 과민한 성향이 된다. 자신의 태도에 관한 아주 작은 비판도 그들에겐 존재를 위협하는 공격으로 여겨지기 때문이다.

여기서 비판은 사실관계를 정당하게 따지는 행위가 아니라, 누가 권력을 가졌느냐를 드러내는 섬세한 측량이다. 이런 미묘한 권력게임은 회의의 진행을 더디게 만들지만, 그렇다고 그걸 아예 무시하고 넘어갈 만큼 순진한 사람은 없다. 지적인 낙관주의자는 절대 사람들이 모인 앞에서 다른 사람의 성과를 비판하지 않는다. 비판은 언제나 일대일 상황에서 나긋나긋하게 이뤄져야 하고, 누구도 그 비판으로 체면을 잃어선 안 되며, 특히 상사가 비판의 칼에 베이는 일은 절대 없도록 신경써야 한다.

비난하는 부모와는 정반대 방향인 과장되게 칭찬하는 양육 방식에도 부작용이 있다. 과장된 칭찬세례를 퍼붓는 부모에게서 자란 자녀는 자기 과대평가의 딜레마에 빠진다. 이는 나르시시즘적인 정치인이나 CEO에게서 종종 발견되는데, 타인의 경탄을 얻고자 하는 그들의 갈망엔 끝이 없고 때때로 그들의 태도는 폭력적이기까지 하다. 그들은 자신이 잘못된 결정을 한 다음에도 아무 문제가 없다고 큰소리를 친다. 그들은 다른 사

　지적인 낙관주의자

람이었다면 '더 잘못된' 결정을 했을 것이라고 말한다.

그들은 무한대의 에고를 지닌 몽상가 유형으로, 분명한 반대조차 간단히 무시하는 능력을 보인다. 혼자서 결정하고 즉흥적으로 위기에 대처하는 성향 때문에 팀플레이에는 취약하다. 이런 유형이 살 길은 자신이 전권을 행사할 수 있는 회사를 차리는 것이다. 자기 회사에서 인사권을 행사하는 원리 또한 극단적으로, '고용 아니면 해고'다. 이 극단적 평균 이상 효과 신봉자는 극단적 세계관에 매료돼 있기 때문이다. 그들에게 세상은 흑 아니면 백이고, 사람들은 친구 아니면 적이다. 자신을 좋아하지 않는 사람은 모두 자신을 싫어하는 사람으로 간주해버린다. 이들은 다양성을 큰 그림에 방해되는 요소로 여긴다.

사회화 이론은 과도하게 비판적인 양육방식이나 강박적 자기애를 부추기는 교육의 결과가 그리 유쾌하진 않다고 말한다. 그렇게 자란 아이들이 직장에서 보여주는 태도는 극단적이다. 지속가능한 성공을 위한 사회화의 열쇠는 근거가 있는, 현실적인 칭찬이다.

자녀를 신처럼 떠받들어 잘못된 방향으로 성장시키는 양육방식도 문제지만, 애정이 너무 부족한 것도 문제다. 건설회사 가문의 후계자인 열일곱 살 토머스 고이처럼 말이다.

토머스 고이는 내성적이고 비관적인 소년이었다. 그의 부모는 나쁜 사람은 아니지만, 무척 바빴다. 그들은 입찰에 참여하고, 협상을 이끌고, 건축주와 상담을 하느라 하루하루를 정신없이 보내는 사람들이었다. 그들의 일상에는 아들과의 대화도 훈육도, 함께하는 식사시간도 없었다. 부모는 양심의 가책을 느끼며 토머스의 방문 앞에 화이트보드를 걸어두고 거기에 메모를 남겼다. 그들은 그게 스마트폰으로 통화하는 것보다 훨씬 더 정답다고 생각했다. 그의 아버지는 방에 금고를 설치해 소년이 언제라도 충분한 돈을 쓸 수 있도록 넣어두는 게 애정표현이라고 생각했다.

나는 토머스를 청소년 교도소에서 만났다. "네가 그딴 식이니까 네 엄마아빠도 너를 떼버리려는 거야!" 이 한마디에 격분한 토머스는 친구의 머리를 향해 맥주병을 날렸다. 부모의 부재와 소외의 상처에서 비롯된 분노가 한꺼번에 폭발한 결과, 토머스는 한순간에 폭력전과범이 되었다.

"사랑만으론 충분치 않다." 유명한 정신분석학자 브루노 베텔하임 Bruno Bettelheim 은 인간의 사회화를 설명하며 이렇게 말했

지적인 낙관주의자

다. 하지만 앞의 사례가 보여주듯, 사랑이 없다면 낙관주의자가 될 희망도 없다. 부족한 시간은 돈이나 비싼 선물로 보상되지 않는다. 어린 아이들은 그렇게 속물이 아니다. 부족한 애정과 온기에 오히려 더 절망할 뿐이다. 아이들을 절망하게 만드는 건 그뿐이 아니다. 부모들의 경솔한 평가 또한 비관적 삶의 태도를 형성한다.

상담 중 내가 들어본 가장 최악의 말은 "네가 뱃속에 있을 때 지워버렸어야 하는데"였다. 정말 최악이었다. 어린 시절에 이런 말을 들으면 결코 잊어버릴 수 없다. 아이는 그런 상처를 다시 받지 않기 위해 평생을 바친다. 이런 식으로 사회화된 사람이 직장에서 리더십을 발휘하면 정해진 목표를 금방 초과달성해 버린다. 그는 다른 사람을 희생시켜서라도 자신의 가치를 입증해낸다.

이들은 '양복 입은 독사Snakes in Suits', '리더쉿Leader-Shit', 혹은 '직장 내 사이코패스' 등의 별명으로 경영서적에 등장하기도 한다. 이런 책들은 의문투성이 상사의 행동를 해석하고 그 원인을 분명하게 밝혀낸다. 그걸 읽은 독자들은 자신의 문제 많은 상사를 더 잘 이해하게 된다.

아이들이 자신감을 갖고 살지 아닐지는 부모의 손에서 결정된다. 핀란드에서 694명의 청년을 대상으로 관련한 연구가 진행됐다. 21년 전, 유년기에 이미 한 번 그들의 성향이 조사된 바 있었다. 연구자들은 그때 부모의 직업과 교육수준도 파악했다. 그리고 20년이 지난 후 같은 표본을 다시 한 번 조사한 결과, 부모가 좋은 양육환경을 제공했을수록 성년이 된 자녀 또한 자신감을 갖고 미래를 바라본다는 사실이 발견됐다. 반면, 유년기에 힘든 상황을 겪은 아이들은 훗날 비관주의자가 되었다.

하지만 유년기 사회화 과정에서 전문용어로 '자기 신뢰감'이라고 하는, 자신의 능력에 관한 믿음을 충분히 쌓지 못했다고 해서 낙관주의자가 되기를 포기해야 하는 건 아니다. 삶에서 비관론을 몰아낼 2차 사회화 과정이 남아있기 때문이다.

지적인 낙관주의자

2차 사회화 :
다양한 태도와 문화의 학습

자신과 신, 그리고 세상을 향한 신뢰는 학습으로 형성된다. 이 지점에서 2차 사회화가 작동한다. 2차 사회화는 젊은이들에게 큰 영향을 미치는 교육과정과 교우관계에 영향력을 발휘한다. 이 사실은 쾰른의 헤네스 바이스바일러 스포츠 아카데미에서도 확인할 수 있었다.

"매주 월요일에 심리학 수업이 있다. 그 시간은 '팀의 자신감이 힘든 경기를 풀어가는 데 미치는 영향력은 얼마나 큰가'에 집중한다. 훌륭한 감독은 어떤 선수가 무엇을 잘하는지 한눈에 파악하고 있고, 그 지식은 선수를 보호하는 데 쓰인다. 선수

마다 자신만의 '최고의 순간'이 있다. 그걸 상기시키는 것만으로도 사기가 떨어진 선수들의 기분을 끌어올려, 내면의 나쁜 목소리가 전체 컨디션을 바닥으로 끌어 내리는 것으로부터 선수를 보호할 수 있다."

아이를 올바르게 양육하기 원하는 성공지향적인 부모라면 당연히 자녀의 교우관계에도 눈길을 돌린다. 취미로 하는 팀 스포츠나 종교 활동, 보이 스카우트 가입 등도 독려한다. 미국 범죄학자 에드윈 서덜랜드Edwin Sutherland는 '차별접촉 이론'에서 그런 사회활동이 아이가 범죄의 길로 표류하는 것을 막아준다고 주장한다. 운동선수의 길에 들어선 아이는 좀 더 건강한 식단을 유지하고 자신의 신체 컨디션을 관리하는 습관이 생겨서 과도한 음주나 약물남용에 빠질 가능성이 줄어든다는 것이다.

2차 사회화는 다양한 주변 환경을 통해 배워가는 과정이다. 다양한 태도와 다양한 삶의 방식을 학습한다. 이런 학습경험은 그 사람의 안목을 넓히고 관용적인 사람이 되도록 도와준다. 국제적 생활환경과 다국적 비즈니스 세계에서 다른 사람의 태도와 문화에 대한 관용은 매우 중요한 가치를 띤다. 성과와는

지적인 낙관주의자

무관한 부모의 사랑은 무한한 자신감의 원천이다.

부모의 전폭적 사랑이 있다면 아이들은 일탈했다가도 오래지 않아 올바른 궤도로 돌아온다. 일탈이란 어떤 쾌락이 일상적 즐거움을 넘어설 때 그 쾌락에 과도하게 집착하면서 일어난다. 이럴 땐 부모가 중심을 잡아야 한다. 인내심을 갖고 시간을 투자해야 한다. 좋은 교육은 순간적인 간섭이 아니라 꾸준히 아이와 호흡을 맞춰가며 나란히 달리는 것이다.

그러나 자기 출세에 몰두한 부모는 그런 순간에 귀를 닫는다. 그들의 직업은 대부분 여유시간도 인내심도 허락하지 않는 경우가 많다. 갈등이 생기면 그들은 시간을 내는 대신 지갑부터 찾는다. 그렇게 길러진 아이는 부모의 말을 진지하게 받아들이지 않는다.

아무리 선물을 사줘도 갈등은 그 자리에 남아있다. 부유한 부모는 그럴 때 기숙학교를 선택한다. 아이를 기숙학교에 보내면 문제는 '아이를 위한 시간 부족'에서 '아이와 함께하는 시간 부족'으로 바뀐다. "기숙학교에 가면 나아질 거야"는 아이를 속이는 말이다. 솔직한 마음은 "너를 기숙학교에 보내면 내가 좀 더 쉬워질 거야"다. 많은 부모가 이 모순적인 태도를 고민 없이 받아들이고, 웃는 얼굴로 아이를 집에서 추방한다. 사회적 지위가 높고, 특권층이고, 한 달에 6,000유로(약 800만 원)

에 달하는 학비를 낼 능력이 된다는 이유로 아이를 집에서 내쫓아 버리는 것이다.

부모 역할을 대행하겠다는 기숙학교에서 도망치기 위해 아이들은 마약, 퇴폐적 생활, 자해를 선택한다. 사회학자 후렐만은 그들의 특이 행동은 병리학적 환경에서 살아남기 위한 방책이라고 설명한다. 그들의 부모는 자녀와의 거리를 넓힘으로써 친밀함의 부족을 합리화하는 모순을 저질렀고, 그렇게 기숙학교로 보내진 아이들의 첫 번째 반응은 슬픔이었다. 그다음엔 아이 자신도 타인과 거리를 두기 시작한다.

열세 살 폴커 슈트렝은 기숙학교에 들어간 지 23일 만에 기차와 버스를 타고 270km 떨어진 집으로 돌아왔다. 현관에서 문을 열어주는 엄마의 얼굴을 보자 먼 여행에 지친 아이는 마음이 놓였다. 엄마는 아이를 품에 안아준 다음, 차에 태워 다시 기숙학교로 돌려보냈다. 아이는 집에 발 한번 들여놓지 못하고 곧장 기숙학교로 돌려보내졌다.

어른이 된 폴커는 자동차 회사의 임원이 되었다. 그는 직장에서 강인한 사람으로 평가되며 원하던 자리에까지 올랐지만, 엄마와는 연락을 끊고 살았다. 엄마의 냉

지적인 낙관주의자

담함을 더는 참을 수 없었기 때문이다. 하지만 직업적
으로는 자기 길을 찾았고 직장에서 더 좋은 성과를 내
기 위해 끊임없이 노력한다.

3차 사회화:
개선될 수 있다는 믿음

    개선은 3차 사회화를 규정짓는 키워드다. 역량평가 센터나 업무평가 회의에서 '어떤 조치가 필요하다'는 진단은, 다른 말로 개선이 요구된단 뜻이다. 사생활에서도 마찬가지다. 늘어난 체중 때문에 자신의 모습에 불만이 있는가? 식단관리와 운동으로 체형을 개선할 때다. 사랑하는 배우자가 이러저러한 것을 바꾸지 않으려면 이혼하자고 말하는가? 부부 상담으로 관계를 개선할 때다. 개선에 성공하면 더 나은 미래를 향한 희망이 강해지며 낙관주의에 힘이 실린다. 개선은 언제나 힘든 작업이다. 하지만 사회화 연구는 희망을 준다. 사회화 연구가 발견한 낙관적 인간상은, 의지만 있다면 누구나 상황을 부풀리거나 헛된 희망에 빠지지 않고서도 개선될 수 있다고 믿기 때문이다.

                                                지적인 낙관주의자

자기 경영 상담이나 세미나는 상황을 개선하고 직장에서의 난관을 극복하는 데 도움을 주는 3차 사회화의 채널 중 하나다. 3차 사회화의 목표는 강점은 발전시키고 약점은 보충하는 데 있다. 예를 들어, 협상력이 부족하다면 고도로 전문화된 프로그램을 통해 그에 딱 맞는 처방을 받을 수 있다.

보통 사람들은 일상에서 발생하는 95%의 협상상황에 통달했다. 나머지 5%는 프로그램을 통해 처방받을 수 있다. 이를 테면, 부당한 요구에 대처하는 법, 압박 상황에서의 협상, 스트레스나 두려움 관리, 공감능력이 전혀 없는 협상 파트너와의 조율 등이 그 대상이 된다.

업무관계에서는 감독기관이 3차 사회화에 관여하기도 한다. 안정감을 주는 적절한 통제 수단이 있어야 직장생활의 안녕도 유지된다. 준법감시관이나 양성평등 모니터 요원, 부정부패 감사실 직원 등이 이러한 통제에 관여한다. 그들은 기준을 세우고 행동을 감시하고 합법과 불법이 모호한 회색지대에서 불법적 요소를 명확하게 규정하는 역할을 맡는다. 하지만 이러한 감시 속에서 낙관주의를 유지하기란 쉽지 않다. 무언가 부정을 저지른 것만 같은 불쾌감이 들기 때문이다.

그러나 부정부패는 공정한 세상을 향한 기대를 무참히 꺾어버리고, 직장 내 혹은 비즈니스 관계에서 사람들 간의 신뢰를 파괴한다. 부정부패 척결을 위한 투쟁은 동시에 낙관주의를 쟁취하기 위한 투쟁이다. 그러므로 준법감시 기관은 기업이 함정에 빠지는 것을 막아주는 조기 경보 시스템이자 위기관리 대책이다.

수 년 전엔 법적으로 아무 문제없었던 것이 오늘날에는 기소 대상이 되는 경우도 있다. 해외에서 쓴 비용에 관한 세금공제가 대표적이다. 몰랐다는 이유로 처벌당했다면 비관론에 빠질 충분한 이유가 된다. 하지만 시대가 변했다면, 임직원들도 빨리 그 속도를 따라잡을 수 있어야 한다.

대니얼 카너먼은 지속적인 결정오류를 예방하기 위한 방책의 이름을 '사전부검'이라고 정립한다. 어떤 프로젝트가 사망했다고 가정하고 가상으로 부검대에 올려 가능한 사망요인을 분석해 보는 것pre mortem이, 이미 사망한 후 장례식에 참석하는 것post mortem보다 낫다는 게 개념의 요체다. 이 개념은 계약을 성사하기 직전 최후점검에 활용할 수 있다.

우리의 상상력엔 한계가 없다. 그러니 사람들은 프로젝트를 망치는 이유들을 찾아 낼 테고, 덕분에 아직 프로젝트 시작 전 단계에서 그 부분을 보완할 수 있을 것이다. "사전부검의 미덕이 바로 여기에 있다"고 대니얼 카너먼은 말한다. "비관주의자는 프로젝트가 어차피 안 될 것이라 여긴다. 그보단 훨씬 낙관

지적인 낙관주의자

적인 사람들은 프로젝트를 추진해내겠다고 마음먹고, 다시 한 번 최악의 경우를 계산한다."

최고에 도달하기 위해 최악을 계산한다. 이것은 실전에 활용될 여지가 매우 많은 전략이다. 또한 우리에게 낙관적 시선으로 미래를 합리화하도록 용기를 북돋아 준다.

지금까지 우리를 낙관주의자로 (혹은 비관주의자로) 만드는 사회화 과정에 영향을 미치는 다양한 요소들을 알아보았다. 그렇게 형성된 낙관주의를 계속 발전시키기 위해선 다음과 같은 세 가지 요소가 뒷받침되어야 한다.

- ◂ 성공전략의 학습 : 실패에 대처하는 법을 배우고, 무엇보다 낙관적 시각으로 세상을 보는 법을 배운다.
- ◂ 태도 : 컵에 물이 절반 비어있는 게 아니라 절반 차 있다고 보는 자세, 미래의 기회를 단단히 붙잡기 위한 준비 태세를 갖춘다.
- ◂ 상호작용 : 직장생활 혹은 사생활에서 갈등을 피하고 프로젝트의 실현에 도움이 되도록 현명하게 대응한다. 협상의 칼자루를 확실히 쥐고 있기 때문에 평소에도 낙관적인 기분을 유지할 수 있다.

Chapter 5

낙관주의자가
되기 위한
학습 도구들

"당신의 롤모델이 누군지 말해주면, 나는 당신이 무엇을 소중하게
여기는지 말해줄 수 있다."

_____ 옌스 바이드너, 낙관주의자 겸 교수

무기력 대신 낙관주의

사람은 배우면 똑똑해진다. 배움의 장소가 학교이든, 실습장이든, 대학이든 상관 없다. 계속 배우는 사람은, 서른 살, 쉰살, 하물며 예순 살에도 지식의 범위를 확장할 수 있다. 그렇게 잠재의식 속에 다양한 해결전략을 가진 사람은 목표 지향적이고 성공적으로 행동함으로써 다른 사람보다 더 많은 것을 성취한다.

미국 정신과협회 회장인 마틴 셀리그먼은 낙관주의도 학습이 가능한가라는 질문에 집중적으로 매달렸고 마침내 '그렇다'는 결론에 이르렀다. 그는 무기력에 빠진 사람이 미래에 관한 확신을 회복하면서 안정을 되찾아 가는 과정을 연구했다. 미래를 향한 믿음이 낙관주의를 형성해냈다.

셀리그먼이 원래 하려던 연구의 목표는 학습된 무기력을 낙관주의로 바꾸는 것이었다. 처음에 그가 세운 가설은 다음과 같다. '낙관주의자에게는 개인적 · 직업적 기회나 경제적 성장을 기대하는 확신에 찬 시각이 있을 것이다.' 기회를 포착하는 시각은 그 사람이 자신이 하는 일에서 향상된 능력을 보일 수 있도록 돕고, 이는 다시 삶에 대한 긍정적 감정을 불러일으킬 것이라는 게 그의 가설이었다.

낙관주의자는 새로운 선택 앞에서 그것이 성공할 수 있는 본질을 갖추었는지, 아니면 기존대로 두는 것이 나을지를 판단한다. 그들은 극단적 행동주의에 빠지지 않고, 선택권을 쉽게 포기하기도 한다. "나는 그래도 미래를 낙관적으로 봐", "나는 대부분 좋은 면을 봐" 같은 말에서 이들의 기본태도가 드러난다. 이는 그들의 행동을 통해 드러난다.

이 태도는 의학적인 측면에서도 도움이 된다. 긍정적 태도는 혈관우회수술을 받은 중병 환자들의 회복에 영향을 줄 정도로 강력했다. 이는 심장질환을 앓은 남성들을 수술 직후, 1주일 후, 반년 후, 5년 후에 걸쳐 네 번 조사한 결과에서 나타났다.

"수술 직후부터 낙관주의자들은 비관주의자들에 비해 훨씬 바람직한 심리적 태도를 보여줬다. 낙

지적인 낙관주의자

관주의자들은 회복이 더 빨랐고 침대에서 더 빨리 일어나 움직였다. 그들은 모든 상황에 좀 더 만족했다. 반년이 지나자 낙관주의자들의 일상은 더 빨리 정상에 가까워졌다. 그들은 다시 전일제 근무로 돌아갔고, 원래 하던 운동을 즐기는 활동적인 삶을 즐겼다."

낙관주의자들이 마법을 부리는 게 아니다. 그들의 자기 효능감에 대한 기대가 그들의 회복을 도운 것이다. 지적인 낙관주의자들은 수술 전부터 미래를 생각했다. 작은 목표에서부터 한발, 한발 나가기 위해 자신을 수술한 의사의 동의 아래 세운 구체적인 목표가 그들의 주무기였다. 그들의 초점은 희망에 찬 장밋빛 미래에 맞춰져 있었다. 반면, 비관주의자들은 신체적 통증을 견뎌야 하는 현재에 집중했고 이는 회복에 큰 도움을 주지 못했다.

환자의 회복을 도운 긍정적 기대감은 회사에서 업무 스트레스를 극복하는 데도 도움을 준다. 더 나은 미래에 하루라도 빨리 도달해야 한다는 목표에 동기부여가 된 사람들은 업무 능력이 향상된다. 성공할 수 있을 거라는 믿음, 자기 능력에 대한 기대감이 클수록 스트레스는 줄어든다. 낙관적 자기 확신은

"업무에서 어떤 새로운 일과 맞닥뜨리더라도 나는 어떻게 처리해야 할지를 알고 있다" 혹은 "예기치 못한 상황에서도 어떻게 행동해야 할지를 분명히 알고 있다" 등으로 표현된다. 자기 일에 능통하다는 기분은 안정감을 갖고 직장생활을 할 수 있도록 도와준다.

개인의 낙관주의가 충분히 습득된 가운데 사원들의 의욕을 북돋우는 회사분위기가 더해지는 것보다 더 좋은 상황은 없다. 회사가 직원에게 "우리는 당신이 필요하고, 당신이 하고자 하는 바를 신중하게 고려하겠다"라는 신호를 보내는 것이다. 이 사실을 증명하기 위해 우울한 기분의 직원들과 명랑한 직원을 섞어서 관찰하는 연구를 진행했다. 그리고 모든 직원들의 건강과 업무능력을 평가했다. 명랑한 직원들은 회복탄력성의 도움으로 건강함을 계속 유지했으며, 자신의 업무능력에 관한 자신감도 높았다. 우울한 직원들은 일이 잘 굴러가지 않을 경우 그 상황을 통제할 수 있는 능력이 자신에게는 없으며, 모든 노력이 부질없다고 생각했다. 자기 능력에 대한 기대감은 낮았고 수동성이 늘어났다. 이 결과는 직원들이 계속해서 유쾌한 기분을 유지할 수 있도록 지원할 때, 그들이 상처 입을 가능성이 낮아진다는 뜻이다. 회사 분위기가 좋으면 사원들의 약점이 줄어든다.

지적인 낙관주의자

거짓 미소 대신 활짝 웃기

낙관주의를 겉으로 표현하는 행위의 대표는 뭐니 뭐니 해도 웃음이다. 웃음의 효과를 연구해온 웃음치료사들은 웃음을 보고 진짜 낙관주의자를 판별해낼 수 있다고 말한다. 여기서 말하는 웃음은 비행기 승무원들이 짓는 인위적 미소가 아니다. 이른바 '뒤센의 미소'라고 알려진 진짜 웃음을 말한다. 눈 아래 작은 주름이 진짜와 가짜를 판가름하는 단서다. 그 웃음은 자연스럽기 때문에 진정한 효과를 발휘한다.

"웃음에는 두 가지 종류가 있다. 하나는 프랑스 의사 기욤 뒤센Guillaume Duchenne이 발견해 '뒤센의 미소'란 이름이 붙은 진짜 웃음이다. 이렇게 웃을 때는 입가 주름이 위로 올라가고 눈가의 피부에 까마귀 발을 닮은 잔잔한 주름이 잡힌다. 눈둘레근과 대관골근이 움직인 결과인데, 이 두 근육은 의지대로 통제하기가 매우 힘들다."

셀리그먼은 두 번째 웃음을 '팬 아메리칸Pan-American 승무원 미소'라고 부른다. 인위적으로 치아를 드러내 만드는 직업적 웃음이다. 어떤 영화제에서나 레드카펫 위에 선 영화배우들의 얼굴에선 이 웃음이 피어난다.

물론 진짜 웃음 하나만으로 성공할 수는 없다. 그러나 도움이 되는 것은 확실하다. 확신에 찬 기운이 발산되기 때문이다. 출세하고자 하는 사람은 자신이 직장에서 하는 행동의 결과를 예측하고 그에 합당한 전략을 취할 줄 안다. 직업적 성공에 예견적 인지능력은 필수다. 그건 빙하가 붕괴하기 전에 앞으로 있을 재앙을 예고하는 주요한 조기 경보 시스템이다.

실수로 다른 사람이 빈정상하게 만들지 않으려면 경험에서 배우는 게 중요하다. 위험은 어디에나 도사리고 있기 때문이다. 정보가 적은 사람일수록 그 위험에 말려들 소지가 많다. 최근 이혼한 상사 앞에서 화목한 가정사를 떠벌리는 것은 똑똑하지 못한 행동이다. 당뇨를 앓고 있는 판매부장에게 스위스 초

지적인 낙관주의자

콜릿을 선물하는 것도 똑똑하지 못하다. 이런 행동들은 당신에 대한 부정적 평가로 이어질 것이다.

그래서 지적인 낙관주의자들은 주변의 약점을 분석한다. 약점을 알아내서 자신에게 유리하게 활용하는 대신 상대에게 멍청한 짓을 하지 않는 데 활용한다. 이런 현명한 태도는 학습의 산물이라고 스탠포드 대학 석좌교수인 앨버트 밴듀라Albert Bandura는 말했다.

그렇다면 학습이론은 낙관적 사고를 계발하는 데 어떤 통찰을 제시할까? 20세기 초의 학습이론은 인간을 언제라도 반응할 준비가 돼 있는 블랙박스처럼 생각했다. 부당한 비판도 좌절, 분노, 저항 등 다양한 반응을 이끌어 낼 수 있는 자극 중 하나다. 물론, 사적이든 업무상이든 간에 인간의 행동은 단순한 자극-반응 기제로 설명하기엔 너무 복합적이지만, 개인적 성향에 학습된 경험치가 더해져 반응이 도출되는 것 또한 사실이다. 반응의 강도는 개인의 성미에 달려있다. 주먹으로 책상을 내리칠 수도 있고(일반적으론 아무 효과가 없지만), 조곤조곤 따질 수도 있다(이편이 한결 낫다). 혹은 비판을 귓등으로 흘려버릴 수도 있다.

나는 순간적 재치를 발휘하는 걸 가장 선호한다. "당신이 지금 말한 건 정말 중요한 지적인 것 같아요. 생각을 한 번 해보죠." 이렇게 말한 다음, 메모를 한다. 그러면 비판을 한 당사자는 나의 태도에 놀라워하며 흡족하게 비판의 칼을 허리춤에 다시 꽂는다. 하지만 내가 뭐라고 적었는지 봤다면 생각은 달라졌을 것이다. "잘츠만은 여전히 성가신 비판주의자임"이라고 적었으니까.

낙관주의자는 자신이 모든 걸 잘 할 수는 없다는 걸 안다. 그래서 비판에도 좌절하지 않는다. 그리고 자신의 행동에 확신이 있을 때엔 비판을 따르지도 않는다.

지적인 낙관주의자

당근과 채찍

낙관주의자는 도구적 학습으로도 만들어질 수 있다. 처벌이나 보상이 임직원들의 행동에 영향을 미칠 수 있다는 의미다. 낙관주의자가 당근과 채찍을 사용하는 방법을 높이 평가하는 건 아니다. 그들은 미래를 바라보는 희망으로 행동이 달라지길 바라기 때문이다. 하지만 현실의 직장생활에서 보상이나 처벌이 효과를 발휘한다는 사실도 모르는 바는 아니다. 낙관주의자들에겐 두 가지 모두 유치한 방법이지만, 그 둘 모두 학습이론에 근거한 효과를 발휘한다. 파업이나 소송예고, 혹은 어떤 결과를 야기할 수 있다는 언질은 사람들을 움찔하게 만드는 학습도구 레퍼토리 중 하나다.

"이 프로젝트에 협조하지 않으면, 당신을 우크라이나 공장의 공장장으로 발령내겠습니다." 회사가 하는 일마다 사사건건 비판적이었던 철강회사 임원은 이런 말을 들었다. 그의 가족들이 우크라이나에 가고 싶어할 리가 없었다. 이는 처벌적 학습 도구가 되었고, 그 임원은 순순히 회사가 하자는 대로 따라갈 수밖에 없었다.

반대로 승진, 프로젝트 성공에 따른 인센티브 등 상대의 입가에 꿀을 발라주는 방법도 있다. 기분은 좀 낫겠지만, 이 역시 행동을 조작하는 데 원리를 두고 있음은 마찬가지다.

우리 모두는 이런 식의 긍정적 혹은 부정적 직장경험을 습관체계와 묶어 생각할 수 있다. 확신, 충성, 성실, 추진력 등의 개념은 '직업인으로서 진지한 태도 상자'에 담긴다. 이 상자 속 개념이 피와 살처럼 익숙해지면 그 개념을 중심으로 마치 기계처럼 자동적으로 행동하게 된다. 자동적으로 그 개념을 행동으로 옮기게 되면 직장생활은 굉장히 수월해진다. 같은 원리가 낙관주의에도 적용된다. 이 자동성이 계발된 사람은 직업의 세계에서 더 빠르고 더 확실하게 움직일 수 있다. 그러기 위해 오래 생각하거나 많은 에너지를 쏟을 필요는 없다. 이 자동성은 새롭고 혁신적인 미래 프로젝트를 위해 꼭 필요하다.

롤모델과 멘토

성공적인 롤모델은 미래를 예측하는 나침반 역할을 한다. 내가 하지 못한 경험도 롤모델의 과거에서 소환해 현재에 적용할 수 있기 때문이다. 성공으로 나아가는 길에 멘토를 우군으로 두었던 사람은 멘토가 금보다 귀하다는 걸 안다. 멘토는 기회의 문을 열어주고, 옳은 방향을 알려주고, 어디에 구덩이가 있는지를 미리 알려준다.

많은 멘토들은 그 대가로 경외와 공감으로 가득한 쌍둥이 동생을 기대한다. 그게 자신이 도움을 베푼 대가라고 생각한다. 그리고 낙관주의자들은 그 대가를 기꺼이 지불한다. 멘토로부터 받은 전문지식, 인맥, 직업적 경험 등은 아름다운 미래를 설계하는 데 값을 매길 수 없을 만큼 귀중한 가치를 발휘하기 때문이다. 그 가치는 소중하게 다뤄져야 한다.

한편 멘토들은 자신의 피보호자가 주체적으로 내린 결정을 견디기 힘들어하는 경향이 있다. 그 결정이 나쁘기 때문일 때도 있지만, 보통은 피보호자에 대한 자신의 영향력이 줄어들고 있음을 나타내는 징표이기 때문이다. 일단은 모방학습의 주요 원리를 이해해야 한다. 강력하고, 매력적이고, 공정하고, 권위적인 멘토일수록 사람들이 그에게 의존하게 될 가능성이 높다.

유력자에게 의존하는 것은 매우 매력적인 일이다. 권력이 센 사람에게 기대면 경쟁이 일상인 비즈니스 세계에서 생존하기 수월하다. 거기에 승패의 확률이 달렸다. 그리고 지적인 낙관주의자는 사회생활의 승리를 원한다. 승리는 자신의 유쾌한 기분을 끌어올리고 더 나은 미래로 가는 디딤돌이 되기 때문이다.

지적인 낙관주의자는 위기를 내다보고, 고심 끝에 해결책을 찾아내거나 직관적으로 상황을 돌파한다. 지적인 낙관주의자는 어떤 동료가 '너 죽고 나 죽자'식으로 행동할 조짐이 보이면 그에게 프로젝트에 개입하지 말라고 경고한다. 말이 통하지 않으면 그의 비관적 영향력이 전체 분위기를 망쳐놓지 않도록 멀리서 조종한다. 때때로 바닥으로 휘몰아치는 소용돌이에 다른 사람들까지 휘말리지 않도록 다른 프로젝트에 투입시키거나 아예 전근을 보낸다. 이순서는 마치 축구경기 룰과도 같다. 호루라기를 분 다음은 옐로카드, 그다음엔 레드카드가 나온다. 낙관주의자는 장밋빛 미래를 좋아한다. 그건 멍청해서가 아니라 뛰어난 예지력 덕분이다.

사회학습이론으로 유명한 앨버트 밴듀라의 연구에 따르면, 모방은 다음의 네 단계를 차례차례 밟아 완성된다.

1. 롤모델이 될 만한, 강한 권력자를 찾아낸다.
2. 롤모델의 행동을 나 자신에게 적용한다. 머릿속으로 계속 그의 행동을 따라한다. (롤모델이라면 지금 어떻게 할까?)
3. 독학, 세미나, 자기 계발 코치의 도움으로 그간 관찰한 전략을 실제로 연습한다.
4. 직장에서 요직을 맡은 사람이 새로 습득한 능력을 보이면 자극을 받는다. 이 동기부여는 우리도 새로 배운 것을 현실에 적용해 보라고 우리 등을 떠민다. 그러니 동료가 새로운 행동전략을 시도할 수 있도록 자극을 주라.

낙관주의자는 밴듀라식 학습단계를 거치면서 여러 정체성
이 조화롭게 뒤섞인 이른바 '패치워크 정체성'을 발전시킨다.
성공한 롤모델의 특성을 익히되, 자신의 본성 또한 거스르지
않는다.

ⓢ　무역회사의 경영진인 마크 베르트하임과 대화를 나누
던 중, 나는 그의 롤모델에 진심으로 감탄했다.

- ▼ 다임러 - 벤츠 대표의 국제적 감각
- ▼ 독일 최고 인터넷 기업 CEO의 창조적 행동방식
- ▼ 격투기 유단자인 포르셰 노사협의회 대표의 사회성

베르트하임은 이 롤모델에 관한 정보를 미디어나 관련
서적을 통해 얻었고, 비즈니스 회의에서 당사자를 직접
만난 적도 있었다. 그는 그들에게서 훌륭하다고 생각되
는 점들을 찾아 똑같이 따라하고, 자기 본래 성격의 장
점도 살려 롤모델에게서 배운 점과 적절히 섞었다. 그
야 말로 완벽한 학습이론의 모델이었다.

마크 베르트하임과 협상을 앞둔 사람이 그의 롤모델에 관
한 정보를 수집한다면 대화를 풀어나가기가 한결 수월할 것이

다. 예를 들어 그의 앞에서 다임러 – 벤츠 사장 험담을 하지 않을 것이다. 여기서 한발 더 나가는 사람은 베르트하임과의 협상에서도 그의 롤모델을 활용할 수 있다. 그와 우호적인 분위기에서 대화하려면, 국제적 감각이나 창조적 행동 혹은 포르셰 911모델에 쏟아진 미디어의 찬사를 소재로 삼으면 된다.

유사성 원리의 활용

　롤모델을 안다는 것은 관계를 유지하는 데 유익한 기초가 된다. 롤모델은 신뢰를 바탕으로 하고, 신뢰는 다시 유사성에 뿌리를 두고 있기 때문이다. 유사성이란 행동양식, 양육과정, 문화, 스포츠 취향, 때로는 패션 감각과도 연관이 있다. 낙관주의자는 사람들이 비슷한 사람을 대할 때 훨씬 편안하고 덜 까다롭다는 점을 잘 안다. 그래서 업무상 만난 사람과도 긍정적인 분위기를 만들기 위해 공통점을 강조한다. 낙관주의자는 충돌을 싫어하고 모든 사람에게서 일단 좋은 면을 보려한다. 사생활에서나 직장생활, 혹은 협상국면에서도 공통점은 사람들을 묶어준다.

　긴급구호단체와의 회의, 노동조합과의 임금협상에 나가면

서 맞춤 양복을 입고 번쩍거리는 수제 구두를 신을 사람이 있을까? 아마도 없을 것이다. 그건 상대를 도발할 가능성이 매우 높기 때문이다. 유사성 원리를 의식하지 않고 그런 행동을 했다간 상대가 마음의 문을 닫기 십상이다.

👁 리타 슈미트는 유사성의 법칙을 연봉협상에 활용했다. 그녀가 임원으로 있는 회사의 대표는 양성평등에는 아무 관심이 없었다. 그런 사람이 여성의 능력을 진지하게 평가할까? 절대 그럴 리가 없었다.

이럴 때 유사성의 법칙은 확실한 전략을 제시해 준다. 대표가 우러러보는 사람을 모방하는 것이다. 당연히 슈미트는 대표의 모친을 개인적으로 알지 못했다. 그래서 구글링을 해봤더니 그의 모친은 보수적인 옷차림을 선호했는데, 특히 회색 투피스 정장에 진주 목걸이를 한 사진이 많았다. 그래서 슈미트는 어두운 색의 투피스 정장에 진주 목걸이를 하고 면담장에 나갔다.

그녀의 옷차림 때문에 자동적으로 연봉이 올라간 건 분명 아닐 것이다. 하지만 가능성을 높이는 덴 도움이 됐다. 대표가 그녀에게서 왠지 모를 신뢰와 권위를 느꼈기 때문이다. 왜 그런 생각이 드는지 그는 알지 못했지만 슈미트는 정확하게 알고 있었다. 대표의 뒤통수에서 어머니의 유령이 속삭이고 있었고, 그녀가 원하는 바를 그가 거절하긴 어려웠으리란 것을.

이런 식의 유사성 원리는 직장생활 전반에 적용될 수 있다. 유사성이 비롯되는 원천으로는 다음 세 가지가 대표적이다.

- ◂ 가족적 경험
- ◂ 인간관계와 교우관계
- ◂ 미디어나 최신 유행

경제학자 존 융클라우센John Frederick Jungclaussen은 한 세기 동안 계속돼 온 대물림을 근거리에서 관찰하고 상류층을 분석했다. 그는 함부르크 엘베강이 내다보이는 고급 빌라촌에 렌즈를 들이댔다. 그곳에서 태어난 아이들은 더 나은 존재로 사는 법을 배운다. 아이들은 엘리트 집단 안에서 자라며 하키나 하키나 골프를 배우고 친구들과 모여 폴로 경기를 한다. 주말은 지중해에 있는 별장에서 보낸다. 이국적인 해외여행은 일상이고 돈은 언제나 충분하다. 너무 당연하게 더 유력한 사람들을 만난다. 태양광 발전으로 기구를 띄워 세계 일주에 성공한 스위

지적인 낙관주의자

스인 피카드Bertrand Piccard와 수다를 떨거나, 독일 대통령과 마주치거나, 중국 피아니스트 랑랑Lang Lang이 얘기하는 걸 지나가다 듣는다. 배타적 교육, 부유한 교우관계, 저명 인사들과의 친분, 사치스러운 상징물은 엘리트주의를 떠받치는 네 개의 기둥이다. 여기에 자신감과 자신이 중요한 인물이라는 흔들림 없는 믿음이 충전된다.

사회적으로 높은 곳에 있다는 자기 확신은 그게 본인이 일군 성과에서 비롯했든, 물려받은 것이든 간에 낙관적 삶의 태도를 극단적으로 강화한다. 돈이 넘쳐나는 걸로 모자라, 인생을 계속해서 발전시켜줄 학습경험에 낙관주의까지 얻어가다니 이건 불공평해도 너무 불공평하다.

물론 이런 학습경험이 완전히 다른 방향으로 흘러가서 비관론을 발전시킬 수도 있다. 그들의 공격적인 부모들은 무관심과 매정함을 그들 마음속에 심어주고, 그들의 공격적인 친구들은 폭력을 부추기며, 그들이 취미로 삼은 자기중심적 스포츠 활동은 그들의 자제력을 갉아먹는다. 그렇게 형성된 배타적이고 공격적인 세계관은 "인생은 잔인하다. 그곳엔 가해자와 피해자만이 존재한다. 나는 결코 피해자가 되지 않을 것이다"라는 메시지를 설파한다. 낙관주의를 계발하는 교육이 가능한 것처럼, 공격성을 키우는 교육도 가능하다. 항상, 저절로 그런 교육이 일어나는 건 아니지만 아주 흔히 있는 일이다.

다시 직장생활로 돌아가 보자. 낙관주의자는 자신의 업무 성과에 아름다운 조명을 비추는 방법을 안다. 물론 업무상 과실을 거짓말로 숨기진 않는다. 다만, 낙관주의자들은 합리화를 통해 실수가 덜 극단적으로 보이도록 만드는 장인의 솜씨를 갖고 있다. "많은 것이 실패했습니다. 하지만 내가 없었다면 더 위험한 실패가 많이 일어났을 것입니다. 구조조정의 압박 또한 한층 거세졌을 것입니다. 내가 일을 맡은 덕분에 우리는 최악의 상황을 면할 수 있었습니다." 합리화 전략 또한 갈고닦아 완성되는 것이다. 자기 실수를 깨달은 즉시 준비를 시작해야 한다. 회의에서 최초의 비판이 공식적으로 제기되기 한참 전에 미리 준비해야 한다. 그레스함 시케스Gresham M'Cready Sykes와 데이비드 마챠는 '중화 기술'이란 개념을 제시했다. 이러한 자기 합리화는 실패에 관한 자신의 감정을 중화함으로써 유쾌한 기분과 낙관적 분위기를 흔들림 없이 유지하도록 보장해준다. 그 중에서도 다음 세 가지가 대표적이다.

1. 명백한 결정오류에도 불구하고 책임을 회피하기: 직원이나 임원이 자신을 외부의 힘에 의해 이리저리 치고받는 흰색 당구알이라고 여기는 것과 비슷

지적인 낙관주의자

하다. 판매 압박, 산업적 요구, 공격적 경쟁자 등이 외부에서 작용하는 힘이다. 그러므로 그에게 쏟아지는 불평은 번지수를 잘못 찾은 우편물이고, 결정오류 또한 그의 책임이 아니다.

"그 사안에 대한 정확한 보고를 받지 못했습니다. 중간관리자들의 부족한 소통능력에 실망이 큽니다." CEO들이 상황을 모면하는 전형적 대응법이다. 이런 식으로 그들은 자신의 잘못은 미뤄두고 자신이 어떤 계략의 희생양인 것처럼 시나리오를 짠다. 그다음 자신의 결정오류에 대해서는 그걸 제대로 이해하지 못한 상태에서 예상치 못한 일이 일어났다고 설명한다. 이 변명의 화룡점정은 다음과 같다. "내가 왜 더 일찍, 정확한 보고를 받지 못했는지를 아직도 이해할 수 없습니다."

사람들이 이 말을 전부 믿진 않는다. 하지만 딱히 반론을 제기하기도 쉽지 않다.

2. 직원을 희생시키고 부당함은 모르는 척 하기: 경영자는 직원의 잘못이나 실수를 세세하게 구체화한다. 반면, 자신의 행동은 뭉뚱그려 설명하거나, 심지어는 전형적인 것으로 묘사한다. 물론, 경영자도 이

런 평가가 모두 진실이 아니라는 건 알고 있다. 하지만 다음에도 이런 식의 합리화를 계속한다. "내가 괜찮아야 회사도 괜찮다"라는 게 그들의 신조이기 때문이다. 그렇게 자신의 실패는 중화되고, 양심의 가책은 사라진다. 다만 해당 직원과 그의 낙관주의가 궤도를 이탈할 뿐이다.

인사과장은 팀내 업무분담이 균일하게 이뤄지지 않고 있다는 사실을 알고 있었다. 그중에서도 거절을 잘 못하는 리차드 슈만의 업무과중이 가장 심각했다. 그의 일은 자신이 처리할 수 있는 한계를 넘어섰고 결국 실수가 일어났지만 바뀌는 것은 없었다. 다른 직원들이 품이 많이 들고 갈등 요소가 많은 그의 업무를 나누려 하지 않았기 때문이다.

슈만의 업무과중이 문제가 되자 인사과장은 가장 쉬운 해결책을 선택했다. 슈만의 업무속도가 너무 느리고 능력이 떨어진다며 모든 책임을 그의 탓으로 돌린 것이다. 인사과장의 능력부족은 직원 개인의 문제로 무마되었다. 문제해결 대신 책임전가를 선택한 인사과장의 전략은 '부당함은 모르는 척하기'의 전형이다.

지적인 낙관주의자

3. 제도의 문제라고 변명하기: 경영자들은 자신을 지구적 흐름에 따라 굴러가는 작은 바퀴라고 정의한다. 그들은 적수에 맞서는 작은 영웅의 신화를 사랑한다. 자신이 이겨야 할 존재는 외국의 CEO나, 국제적 시장압력, 무정한 글로벌 경쟁 등이다. 이들의 공격을 막아내기 위해선 직원의 희생이 불가피한데, 최악의 경우엔 구조조정 같은 극약처방이 내려질 수도 있다.

이런 식으로 훈련된 합리화 전략은 자기방어를 위해 쓰인다. 이 전략은 직장생활에서 일어나는 부도덕한 행태를 미화하고 개인의 낙관주의를 유지하는 데 도움을 준다. 이런 행위가 정당하다고 볼 순 없다. 하지만 효과가 있는 것만은 분명하다. 그래서 업무상 심각한 문제가 발생하여 자신의 밥그릇이 위협받을 때면 언제나 이런 식의 변명이 고려되곤 한다. 합리화 전략은 직장생활은 승자가 아니면 패자가 되는 세계이고, 실패한 경우 책임질 사람을 찾기 마련이란 걸 드러내는 증거다. 합리화에 성공한 사람은 최고가 되고, 실패한 사람은 나락으로 떨어진다.

컨설팅과 자기 경영 세미나

컨설팅이나 자기 경영 세미나 또한 학습과정의 일환이다. 이 학습경험은 허가받은 전문가들과 네트워크를 통해 통합적 틀 안에서 지식과 현장을 이상적으로 묶어준다. 이 과정을 이론적으로 요약하자면 다음과 같다.

1. 최적화된 직업 능력을 파악하기 : 다음 단계로 올라서기 위해 기본으로 갖춰야할 능력을 파악한다.
2. 최적화된 행동을 연습하기 : 가상의 공간에서 역할극을 통해 능력을 어떻게 적용할지를 시뮬레이션한다.
3. 실제 직장생활에서 새로운 능력을 수행한다.

지적인 낙관주의자

이 새로운 능력은 기능적 가치가 명백하고, 학습의 장점이 분명할 때 현장에 적용하려고 시도할 수 있다. 자기 행동의 문제를 파악하고, 더 나은 행동을 가상에서 시도해 보다가 결국 실제생활에서 행동변화에 성공하는 것이다. 이 과정에서 낙관주의를 형성해 나가는 중요한 주춧돌이 세워진다. 행동의 결정권을 자기 손에 쥐고 새로 습득한 능력을 자유자재로 구사하며 유쾌한 기분을 유지할 수 있기 때문이다. 낙관주의자로 성장하는 길을 돕는 요소는 아래와 같다.

- 긍정적인 면에 집중하는 연습과 계발: 이를 통해 학습된 무기력의 자기비판적 성향을 극복할 수 있다.
- 자발적 동기를 유발하는 업무환경의 조성: 이를 통해 직장에서도 진심으로 웃을 수 있게 된다.
- 막강한 롤모델과 멘토에게서 영감을 얻기: 그들의 노하우와 인간관계를 자신에게 적용할 수 있다.
- 당근과 채찍을 이용한 제도적 학습과 그 원리를 파악하기
- 위급할 시 합리화 전략 가동: 자신의 결정오류가 과도한 비관론을 형성하지 않도록 예방한다.
- 긍정적인 대화를 위해 유사성 이론을 활용한다.

Chapter 6

낙관주의를
키우고
성공을 이끄는 태도

"우리는 우리가 행복해지려고 마음먹은 만큼 행복해질 수 있다. 우리를 행복하게 만드는 것은 우리를 둘러싼 환경이나 조건이 아니라, 늘·긍정적으로 세상을 바라보며 아주 작은 것에서부터 행복을 찾아내는 자신의 생각이다. 행복해지고 싶으면 행복하다고 생각하라."

_____ 에이브러햄 링컨, 미국 제16대 대통령

꿈을 현실로 만드는 방법

올바른 태도 없이는 낙관주의도, 성공도 없다. 당신은 이미 낙관주의자가 태도의 면에서 긍정적 귀인positive attribution의 달인이라는 사실을 알고 있다. 성공의 원인은 자신에게서 찾으려 하고(대부분은 실제로 찾아내고), 실패는 다른 사람에게로 귀속시키는 게 낙관주의자다.

비관주의자에게는 이런 능력이 없다. 그들에게는 전략적 예측력이 부족하다. 미국의 한 기자는 전략적 사고의 부족으로 멍청한 죽음을 맞이한 사례를 기록했다. 극단전 사례지만, 생각이 짧아 죽음을 맞이한 테러리스트가 있다. 그는 폭탄이 든 소포를 보내면서 우표를 충분히 붙이지 않았다. 그리고 반송된 소포를 자기가 열어보았다.

사고의 태만은 항상 그 대가를 치르고, 올바른 태도는 성공으로 가는 터보엔진이 된다. 많은 낙관주의자들이 이 사실을 알고, 사생활과 직장생활을 엄격하게 분리한다. 그들은 일에 관해서는 혹독하게 몰아붙이지만, 자녀나 배우자, 가족과 관계된 사생활에선 유연함을 발휘한다. 직장에서 중요한 목표에 도달하기 위해 달려가는 중일 때는 직장 내의 화목한 관계는 우선순위에서 밀려난다.

낙관주의자에겐 목표와 그에 도달할 수 있는 올바른 태도가 있다. 남들이 그들을 의심할 때조차 그들은 자신을 믿는다. 유럽과 아시아 대륙을 하나의 터널로 연결하는 데 성공한 독일의 천공기술자, 마틴 헤렌크네흐트Martin Herrenknecht가 대표적 인물이다. 꿈을 꾸고 그걸 현실로 만드는 것은 인지적 능력의 긍정적 측면이다.

선입견이 잘못된 결과를 불러온다

선입견 형성은 인지적 능력의 부정적 작업에 해당한다. 선입견은 사람을 병들게 하고, 비관론을 조성하며, 우리가 비즈니스 파트너나 손님을 잘못 평가하도록 만든다.

자동차 딜러 톰 빌켄스는 몇 번의 직무교육을 받았지만 허름한 옷을 입은 손님은 돈이 없다는 것과 차 구매를 결정하는 쪽은 남성이라는 선입견을 계속 가지고 있다. 그는 허름한 차림으로 차를 보러 온 사람들에겐 가격이 싼 차나 중고차를 먼저 보여준다. 이 태도 때문에 거래가 중단된 적은 거의 없었는데, 무시당한 고객들은 아예 그와 거래를 시도조차 하지 않았기 때문이다. 문제가 된 것은, 두 번째 선입견이었다. 차를 보러 온 부부를 응대하는 동안 빌켄스는 남편을 설득하는 데 온 힘을 다했다. 함께 온 여성과 말을 섞는 건 어쩌다 한 번이었다. 그들은 지갑에서 돈 꺼내기를 거부했다. 딜러의 무시하는 태도에 화가 난 아내가 남편의 구매를 막은 것이다.

잘못된 인지적 평가는 잘못된 결과를 낳는다. 그러므로 낙관주의자는 자신의 선입견을 내면의 독백을 통해 재점검한다. 그것이 다른 사람의 심기를 건드리지 않는지를 살피는 것이다.

내면의 독백을 통해 '어떤 일에 누가, 어떻게 반응할 수 있을까?'에 관한 여러 가지 선택지가 그려졌다 지워지고 다시 그려진다. 이 과정에서 우리는 미래에 일어날지도 모를 문제에 관한 해답을 찾아나간다. 그러나 이 직장생활에 필요한 핵심능력에 통달하는 일은 그리 간단하지 않다. 우리의 일상은 머릿속 영화관에서 상영했던 영화와 맞아떨어지지 않을 때가 많기 때문이다.

낙관주의자라면 자신의 태도를 점검하고 믿을 만한 사람에게 자신의 태도가 올바른지를 물어볼 것이다. 그는 행동하기 전에 자신의 행동 뒤에 바보 같은 생각이 도사리고 있진 않은지를 점검하고 있다면 태도를 수정한다.

빈의 건축학과 교수인 라파엘 구루버는 특정 환경에서 자신의 머릿속에 잘못된 영화가 상영된다는 걸 알고 있다. 그는 젊은 외국인 여성에게 1,000유로 정도를 사기당한 적이 있었

지적인 낙관주의자

다. 그는 아직까지도 그 일에 관한 분을 삭이지 못했으며 그래서 구두 시험장에서 비슷한 외모의 외국인 학생을 만나면 제일 어려운 문제를 내고 싶은 충동에 시달린다. 충동은 강했지만 그는 휘말리지 않았다. 반성적 태도 덕분에 그는 선입견의 노예가 되지 않을 수 있었다. 그는 이성적 인간이자 공정한 시험관의 태도를 유지할 수 있었다.

인지적 편향을 예방하라

무모함과 기회 사이를 저울질하는 지적인 낙관주의자는 과대평가의 위험성에 대해서도 잘 알고 있다. 이 신중한 저울질이 오랜 기간 성공을 거둬온 낙관주의의 핵심이다. 저울질은 인지적 편향의 위험을 줄이고 긍정적 실용주의를 지원한다. 대니얼 카너먼은 《하버드 비즈니스 매니저 : Harvard Business Manager》 기고를 통해 일상적으로 활용할 수 있는 체크리스트를 제시했다. 이 체크리스트를 통해 사람들은 파멸을 초래할 수 있는 편향된 결정의 위험성을 식별할 수 있다. 협상을 앞둔 결정이든, 투자 결정이든 상관없다. 당신도 최근 내린 중요한 결정을 복기하며 체크리스트를 확인해볼 수 있다.

- 어떤 개인적 이해관계에 휘둘리지는 않았는가?
- 자신에 대한 과대평가(우리는 해낸다!) 혹은 '모든 것이 계획 가능하다'는 믿음(우리는 그 어떤 장애물도 뛰어넘는다!)에 휩쓸리진 않았는가?
- 해당 투자계획 혹은 프로젝트 아이디어를 선호한 나머지, 짐작 가능한 위험요소를 너무 심하게 과소평가 하진 않았는가?
- 소수의견은 없었는가. 혹시 집단압력에 이성이 굴복한 것은 아닌가?
- 결정을 내리는 근거들이 정확했는가. 상품 A가 성공했다면, 상품 B도 비슷하게 추진돼야 한다는 식으로, 상황에 대한 진단이 유사한 사례에 지나치게 영향을 받지는 않았는가?
- 대안을 엄격히 검토했는가. 혹시 단 하나의 그럴 듯한 가설을 만든 다음, 그 가설을 뒷받침하는 증거만 선택적으로 찾아 그 가설을 확신하도록 조작한 건 아닌가?
- 같은 결정을 내려야 한다면 똑같이 하겠는가?
- 결정을 뒷받침하는 주요 수치를 비판적으로 검토했는가?

- 후광효과halo effect에 너무 영향을 받은 것은 아닌가?
- 손실을 회피하려는 경향loss aversion이 존재하진 않은
  가? 손실을 피하려는 경향 때문에 올바른 결정이 차
  단될 수 있다. 자리에 대한 미련이나 현재의 안락함,
  혹은 관성이 위험요소가 될 수도 있다.

당신이 중대한 결정을 앞두고 이 체크리스트를 체계적으로 검토한다면, 당신은 인지적 편향의 위험을 예방함으로써 실패의 위험을 현저하게 줄일 수 있을 것이다.

낙관적 삶의 자세를 정착시키고 안정되게 유지하기 위해서 다음 세 가지 실천법을 권한다.

- 긍정적 귀인: 잘 되는 일은 모두 당신의 덕이고 잘
  되지 않는 일은 다른 사람이나 환경 등 일시적 현상
  이라고 생각한다.
- 선입견 재검토와 탈피: 선입견은 인지적 편향으로
  이어져, 직장생활이나 사생활에서 당신을 아슬아슬
  한 빙판길로 이끌 수 있다.
- 중요한 결정을 앞두고 카너먼의 체크리스트를 점
  검한다.

지적인 낙관주의자

자기중심적이며
도덕적인 태도

　낙관주의자는 자신과 자신의 아이디어가 회사를 위해 최고
이자 최선이라는 확신을 갖는 것이 중요하다. 적정량의 자기중
심성은 직업적 성공에도 도움이 된다. 자기중심적인 사람은 자
기 입장을 진지하게 여기고 적극적으로 변호하기 때문이다. 그
렇다고 교만해지거나 자기 능력을 과대평가하라는 의미는 아
니다. 자기 확신은 미래의 문을 여는 열쇠가 되기도 하지만, 과
대망상으로 가는 대기실도 되기 때문이다.

　자기가 훌륭하다고 과하게 믿는 사람은 다른 사람의 의견
을 무시하기 쉽고, 그 결과 협업의 실패를 불러온다. 다른 사람
의 의견도 수용할 줄 아는 능력을 갖출 때 실패를 예방할 수 있
다. 그 능력이 구체적 실행 단계에서 발휘되면 다른 사람들의

의견에 공감하고 진지하게 받아들일 줄 알게 된다. 낙관주의자는 자신만의 미래구상을 관철시킬 줄 아는 자기중심성과 다른 사람들과 함께 그 구상을 현실화시켜 나갈 줄 아는 공감능력, 이 두 가지를 모두 갖춘 사람이다. 특히 갈등을 조정하는 덴 외줄타기에 필요한 정확한 균형 감각이 요구된다.

"세부사항을 살피는 디테일한 시각, 분위기를 포착하는 능력, 익숙한 것을 새롭게 바라보는 안목, 관련성을 찾아내는 발굴력. 이 모두가 제대로 가동되어야 내 일을 할 수 있다"고 오스트리아 갈등조정전문가 에드 바츠케Ed Watzke는 말한다.

외줄타기를 잘 하면 직장에서의 성장이 빨라진다. 개인적 태도와 직장생활의 현실이 조화를 이루도록 균형을 잡을 수 있기 때문이다. 그런데 여기서 말하는 '개인적 태도'란 무엇이며, 어떻게 조정할 수 있을까? 간단한 테스트를 통해 당신의 사고체계가 작동하는 방식을 알아보자. 다음 문장을 완성해 보라.

- ▼ 직장에서 일중독자를 만나면 _____하다고 생각한다.
- ▼ 여성 임원을 보면 _____하다고 생각한다.
- ▼ 맞춤 양복과 고급 수제화는 내게 _____의 상징이다.

지적인 낙관주의자

▼ 결정하기 전 신중하게 저울질하는 행동은 나에게
　　　　　　_____의 표현이다.

　태도를 알아보기 위한 이런 질문에 대답하다보면 당신이
누구와 일해야 할지가 명백하게 드러난다. 뿐만 아니라 당신
이 함께 일하는 상대의 반응도 알아낼 수도 있다. 예컨대, 당신
의 동료가 일중독자를 최고의 직장동료라고 생각하는 사람이
라면 당신이 신청한 육아휴직을 절대 긍정적으로 받아들이지
않을 것이다. 여성이 임원의 자리에 오르는 걸 탐탁지 않게 생
각하는 사람은 아마 여성동료가 직장에서 성공하지 못하도록
훼방을 놓을 것이다. 맞춤 양복을 중요하게 생각하는 사람이라
면 옷차림에 자유로운 엔지니어나 IT 계열 종사자들을 깔보고
협상에서 오만하게 구는 경향이 있을 것이다. 신중한 저울질을
리더십 부족의 표현이라고 보는 사람은 성급하게 회의장 책상
을 두들겨대는 경향을 보일 것이다.
　"당신이 어떻게 생각하는지를 말해 보라, 그럼 당신이 어떻
게 행동할지를 말해주겠다." 이 문장은 인지심리학의 신조다.

공통점이 신뢰감을 형성한다

혹시 당신은 대화할 때 상대와의 공통점을 찾아내려고 부단히 노력하는 편인가? 앞서 유사성 이론에서 설명한 바대로 이러한 태도는 신뢰감을 만들고 낙관주의를 키운다.

정치인이 갈등관계에 있는 관계에서 어떤 합의를 끌어내기 위해 하는 말에 귀를 기울여 보면 '신뢰'와 '공동'이란 단어를 거듭 반복하는 걸 발견할 수 있다. 독일 총리가 터키 총리를 만났을 때도 마찬가지였다. 독일 총리는 자신이 터키식 디저트를 얼마나 좋아하는지, 터키의 이스탄불에서 보낸 휴가가 얼마나 환상적이었는지를 구구절절 이야기해서 결국은 상대의 마음을 사로잡았다. 갈등사안을 두고 싸움을 벌이러 왔던 터키 총리는 계획과 달리 독일 총리를 터키로 초대하는 것으로 회담을

지적인 낙관주의자

마무리지었다.

반면, 반대의견을 강조하는 사람을 만나면 자연스레 거리를 멀리하기 마련이다. 주파수가 다르기 때문에 소통은 점점 꼬여간다.

40대인 사내 심리상담사는 61세 임원이 마세라티 고급세단을 구입한 것을 보상심리로 치부해버렸다. 아직 '고어텍스 멘탈'을 장착하지 못한 61세 임원은 그 말이 귀에 거슬렸다. 겉으로는 웃었지만 속으로는 심리상담사가 자신이 평생 그려온 꿈을 웃음거리로 만든 것이 전혀 재미있지 않다고 생각했다. 그리고 그는 언젠가 심리상담사에게 영향력을 행사할 수 있는 기회가 온다면 그리 우호적인 선택을 하지 않으리라는 생각을 했다. 둘 사이엔 분명 공통점이 있었을 것이고 심리상담사에겐 그걸 찾을 기회가 있었다. 상담사는 사전에 "누군가 사치스러운 기호품을 사고자 하는 당신의 꿈을 비웃었다면 당신은 … 할 것이다"란 문장으로 임원의 속내를 떠봤어야 한다. 임원은 아마 '복수'라고 썼을 것이다.

그런데 비즈니스 세계에서 유사성의 법칙과 공통점을 강조하는 전략이 다른 사람을 조종하는 도구로 쓰일 때도 있다. 낙관주의자는 이 기술에 속지 않도록 스스로를 보호해야만 한다. 비즈니스 파트너가 될 수 있는 사람의 환심을 사기 위해 미리 인터넷으로 관심사를 조사한 다음, 공통점을 억지로 만들어 신뢰감을 형성할 수도 있다. 무엇보다 금융 사기범이나 결혼 사기꾼이 이런 기술에 능하다. 하지만 단순한 협상에 긍정적으로 적용할 수도 있다.

    행사 진행자A는 어떤 금융회사의 로드쇼 진행 면접을 앞두고 있었다. 6일 동안 6개의 행사가 열리는, 그에게는 큰 건이기에 그는 담당자의 심기를 건드리고 싶지 않았다. 그리고 얼마 지나지 않아 중요한 실마리를 찾았다. 협상 담당자는 성과지향적인 사람이지만 동시에 가족을 중요하게 여겼고 또한 '심장박동을 따르는 사람들의 모임'의 주요 멤버 중 하나였다. 그는 며칠 후 전화로 면접을 보게 됐다.

A: 오늘 통화하게 돼서 다행이군요. 제게 관심을 가져주셔서 감사합니다.

담당자: 멘쉐데 박사님께서 추천해주셨습니다.

A: 네, 저도 들었습니다. 감사한 일입니다. 박사님께 안부와 함께 제가 감사하고 있다고 전해주세요. 그런데 타이밍이 썩 좋지는 않은 것 같아요. 사실 이번 주가 좀 힘들었거든요. 솔직히 말해 숨 돌릴 시간을 좀 가질

                                                지적인 낙관주의자

까 했어요. 컨디션이 엉망이 되기 전에 몸을 챙겨야 하니까요.

담당자: 지금 제 얘길 하시는 줄 알았어요. 요새 제가 하는 생각과 똑같아서 놀라울 따름이네요.

A: 정말이요? 저도 놀랍네요!

담당자: 숨을 돌릴 여유 없이는 마라톤과 같은 직장생활을 견딜 수가 없죠.

A: 정말 그렇죠. 저도 그렇게 생각해요.

둘은 5분간 스트레스 상황에서 숨 돌릴 여유를 찾는 전략에 관해 즐거운 대화를 나누었다. 그들은 공통의 주제를 찾았고 말이 잘 통했다. 그리고 진행자는 만족스러운 조건으로 로드쇼 계약을 따냈다. 유사성의 원리가 그 효과를 백분 발휘한 것이다.

전화 면접을 성공으로 이끈 건 무엇일까? 인터넷 검색이 '심장박동을 따르는 사람들의 모임'에 관한 힌트를 주었다. 거기서 진행자는 대화의 방향을 잡아나갈 근거를 찾았다. 그리고 실제 면접에서 사전지식을 적용할 타이밍을 찾아 자신의 피로 누적에 관한 이야기로 운을 띄웠다. 아마 그건 사실과 다르지 않을 것이다. 그렇게 진행자는 친밀감과 공감을 확보했다. 그리고 이 경우에서처럼 공감은 대부분 동의를 이끌어 낸다.

진행자의 면접 준비를 훌륭하다고 칭찬할 것인지, 아니면 대화 조작이라고 판단할 것인지는 개인적 태도에 달렸다. 당신은 어떤 태도를 가졌는가? 작위적인 면이 없진 않지만 그럼에도 전략적 소통방식을 지지할 수 있는가? 이는 고객관계관리 CRM에서도 적극적으로 활용되고 있는 방법이다. 여러 차례 기업의 임원진들과 대화를 나눠 본 결과, 높이 올라간 사람일수록, 실용성에 주안점을 둔 이런 소통방식을 자유자재로 구사하는 경향을 보인다.

지적인 낙관주의자

고차원적 능력은 후퇴하지 않는다

스위스의 발달심리학자 장 피아제Jean Piaget는 구체적 조작이 발달하는 첫 번째 발달기를 거치면서 인간은 인지적으로 전략을 구사하고 검토하는 법을 배운다고 주장했다. 그 이전 단계까지 우리는 백치에 불과하다. 이 발달시기에 낙관주의를 형성할 준비도 갖춰진다. 목적이 있는 생각을 할 수 있고, 개별 사건 뒤에 숨어있는 보편적 규칙을 깨닫기도 한다. 그때 훌륭하고 성공적인 사건이 발생하면 낙관주의자 꿈나무들은 이렇게 생각한다. '내가 긍정적인 면에 초점을 두었더니 좋은 일이 많이 생기는군. 나는 점점 더 낙관적이고 행복한 아이가 되어야지. 그럼 내 인생도 나를 향해 웃어주겠지.'

고차원적 질서를 조작할 수 있는 능력은 개별 사건을 구조적 폐해로 소급해 생각하는 것도 도와준다. 만약 직원들의 이직이나 퇴직이 잦다면 인사행정에 문제가 있을 것이라 추론해 보는 것이다. 우리에게 이런 추상화 능력이 없다면, 자기반성이나 추측성 사고 또한 불가능하다. 미래지향적 반론 또한 이러한 추측성 전제 없인 불가능하다. 생각의 폭은 넓을수록 좋다.

　인지적 발달에 적용되는 '순서 불변의 법칙'은 낙관주의가 지속적으로 성장하는 데도 도움이 된다. 직장생활 혹은 사생활에서 문제해결의 고차원적 능력을 습득한 다음에는 그 이전 단계로 후퇴하지 않는다. 낙관주의 학습도 마찬가지다. 평균 이상 효과를 배우고, 긍정적 집중력을 습득하고, 유사성의 원리를 발견한 사람은 비관론은 잊게 된다는 뜻이다. 그리고 이 분야 지식의 수준이 높을수록 당신이 직업적 성공을 거둘 전망도 나아진다. 앞서 밝힌 수많은 연구결과가 이 사실을 논리적으로 뒷받침한다.

지적인 낙관주의자

딜레마를 조심하라

위로 올라가는 모든 길에는 한계가 있다. 더 나아갈 수 없고 해결책도 보이지 않는 상황에 처하는 것이다. 이때 낙관주의자에게서 드러나는 바람직한 태도는 이런 상황마저 모종의 스포츠처럼 여기고 위기에서 기회를 보는 것이다. 몽블랑의 최고경영자였던 볼프 하인리히슈돌프는 "낙관주의자는 레몬이 시다고 불평하는 대신, 레몬에이드를 만드는 사람"이라고 믿었다. 이들은 우리의 손과 발을 묶어 놓은 머릿속 강박관념을 과감하게 꺼버렸다. "이건 어떻게 돼야만 해"라고 주장하는 머릿속의 '강요 문장'들은 "내가 하는 모든 것들은 언제나 완벽해야 해", 혹은 "그 일은 내가 생각한 대로 되어야만 해"라며 우리의 발목을 잡기 때문이다.

회사는 직원들이 도덕적 딜레마에 빠지지 않도록 보호해야
한다. 그건 비관론으로 향한 문을 여는 일이다.

⑥ 기차가 철로에서 일하는 다섯 명의 노동자를 향해 질
주하고 있다. 당신이 버튼 하나를 누르면 철로를 변경
해 그들의 목숨을 살릴 수 있다. 하지만 버튼을 눌러 변
경한 철로에는 한 명의 노동자가 서 있다. 당신은 이 버
튼을 누르겠는가?
추가 질문도 있다. 어떤 남자가 다리 난간에 기대어 서
서 철로를 내려다보고 있다. 몸집이 큰 사람이라 그를
밀면 달리는 기차를 멈출 수 있다. 팔로 살짝 밀면 그가
떨어질 것이다. 이 경우도 노동자 다섯 명의 목숨을 살
릴 수 있다. 희생은 고작 한 명이다. 당신은 이 남자를
밀겠는가?
'질 수밖에 없는 상황lose-lose situation'의 전형이다. 여기
엔 패자밖에 없다. 어떻게 결정하든 비극적 결말로 이
어진다. 가만히 있으면 다섯 명의 무고한 노동자가 죽
는다. 그 상황에 아무 책임이 없음에도 불구하고 당신
이 무고하다 주장할 수는 없다. 자, 어떻게 하겠는가?
시험 대상자 다수는 가상이라는 전제 하에 선로변경

지적인 낙관주의자

버튼을 누르는 편을 선택했다. 그들은 양심의 가책을 느꼈다. 하지만 다리 위의 남자를 밀어 기차를 멈추겠다는 사람은 거의 없었다. 다른 사람을 민다는 건 다른 문제기 때문이다. 아무것도 하지 않겠다는 사람들 또한 죄책감을 느끼긴 마찬가지였다. 자신의 양심을 따지다가 다섯 명을 구할 수 있는 기회를 활용하지 못했기 때문이다.

도덕적 딜레마는 삶에 대한 낙관적 감정을 방해한다. 어떤 결정을 하든 부정적 결론이 돌아오기 때문이다. 비관주의자가 아니었던 사람도 도덕적 딜레마에 휘말리면 비관주의자가 되고 만다. 철로 노동자와 같은 극적 상황이 아니더라도 우리의 직장생활에서 이런 딜레마와 마주치는 건 흔한 일이다.

- ▾ 회사 내 일자리 숫자를 유지하기 위해 당신이 지불할 수 있는 비용은 얼마나 되는가?
- ▾ 평소에 높이 평가해 온 동료가 허위 출장비를 청구했단 사실을 알게 되었다. 그를 고발해서 회사의 준법조약을 준수하겠는가?
- ▾ 팀장이 뇌물을 받은 사실을 알게 되었다. 팀장은 최

근 쌍둥이의 부모가 되었고, 갚을 대출금이 많이 남아있다는 걸 알면서도 이 사실을 공개하겠는가?

이런 사실을 간과하면 당신은 공범이란 압박감에 시달리게 될 것이다. 소신대로 말했을 때도 스스로가 야박하게 느껴지는 건 마찬가지다. 딜레마를 멈추지 못하는 사람은 직장에서 혹은 사생활에서 난관에 부딪치는 걸 부담스럽게 여길 수밖에 없다. 이 사실을 알기에 낙관주의자들은 법에 따라 처신한다. 동료의 밥줄이 걸린 문제라 하더라도 실수를 저지른 사람이 그 상황을 해결하도록 하는 것이다. 낙관주의자는 동료의 허물을 덮어서 자신도 함께 비관론의 소용돌이에 휘말리지 않는다.

자기 경영 분야의 거장인 니콜라우스 엥켈만은 이렇게 말한다. "나는 어떤 좋은 일이 스스로 일어날 때까지 기다릴 수가 없다!" 그는 낙관주의를 형성하는 인지적 기본으로 자기암시의 중요성을 역설했다. 그는 자기암시를 습관화하기 위한 방도로 '긍정 일기'를 권한다. 매일 좋았던 일 두 가지씩을 적는 것이다. 단순하게 들리지만 유익하고 효과도 만점이다. 일주일이면 14개, 한 달이면 56개, 일 년이면 672개의 좋은 일이 남는다. 연말 혹은 시간이 날 때 일기장을 훑어보다보면 긍정적 삶의 감정을 느낌과 동시에 밝은 미래를 향한 확신을 가질 수 있

지적인 낙관주의자

다. 그리고 이런 감정과 확신은 다시금 낙관적 기본태도를 강화하는 데 도움이 된다.

이러한 태도는 위대한 개인적 결정을 통해 더욱더 강화된다. 우리 모두, 특히 리더의 자리에 서 있는 사람들은, 선한 일을 할 수 있는 영향력을 갖고 있다. 우리에겐 결정권이 있기 때문이다. 그리고 그건 직업적 스트레스를 아름답게 상쇄하는 길이다.

마이클은 지난 몇 년간 맡은 업무를 훌륭하게 해냈고 언제나 신뢰를 저버리지 않았다. 그런 그는 며칠 전부터 기운이 없었다. 딸이 병에 걸려 수술을 앞두고 있기 때문이다. 회사업무에 개인적 고민이 겹치자 그에게 과부하가 걸렸다. 한눈에도 그가 평소와 다르다는 게 드러났고 그의 상사 또한 그 점을 눈치 챘다. 상사는 그를 개인적으로 불러 다음 2주간 월요일과 금요일은 병가를 내고 딸을 돌보는 게 어떻겠냐고 먼저 제안했다. 그가 출근하지 않는 날을 고려해 업무일정도 다시 짰다. 마이클은 연차를 쓰지 않아도 된다는 사실에 감사했다. 그가 탈진할 위험도 줄어들었고 상사는 좋은 일을 했다는 기분을 즐겼다. 상사는 스스로를 인간적인 사람이라고 느꼈고 자신을 칭찬했으며 이는 그의 낙관주의를 키우는 좋은 자양분이 되었다.

직원들에겐 평소와 다른 특별대우만큼 낙관적 기분을 향상시키는 것도 없다. 상사의 입장에선 부하직원들에게 멋진 상사라는 칭찬을 듣는 것만큼 긍정적 자기 인식을 강화하는 것도 없다.

토머스 슈트락은 자동차 부품회사에서 일한다. 그의 약혼녀는 상담 업계에서 일한다. 그런데 상하이에 있는 컨벤션 회사가 약혼녀에게 강연을 하러 와 달라고 부탁했고, 배우자를 데려와도 좋다고 권유했다. 슈트락은 연차를 모두 소진한 상황이었지만, 회사의 사장은 다녀와도 좋다고 허락했다. 다른 사람들 앞에선 "나중에 언젠가 보충하자"는 단서를 붙였지만 조용히 슈트락을 불러선 그 말에 신경쓰지 말라고 얘기했다. 그 결정은 사장에게도 유익했다. 직원에게 기회를 열어주고 한 커플을 행복하게 만들었다는 만족감은 사장의 낙관적 감정을 끌어올리는 데도 도움을 주었기 때문이다.

협상파트너에 관한 배경지식이든, 규칙위반을 공식화하는 일이든, 임금이 낮은 나라에 투자를 하는 일이든, 일 잘하는 직원에게 관례에서 벗어난 호의를 베푸는 일이든, 이 모든 결정에는 도덕적 질문이 뒤따른다. "받아들일 수 있는 일인가?", "법적으로 허용되는 일인가?", "사회적 금기는 아닌가?" 이 질문에 어떻게 대답하느냐가 직업적 성공을 좌우한다. 법을 지키느냐 마느냐에 관한 질문에 대답하는 건 쉽지만, 도덕적 태도

지적인 낙관주의자

에 관한 대답은 좀 더 어렵다. 기준이 엇갈리기 때문이다. 도덕적 태도에는 해석의 문제로 치부될 수 있는 회색지대가 존재한다. 그러니 법적으로 허용되는 모든 것이 대중적으로 용납된다고 생각하면 오산이다.

개인적으로 받아들일 수 있는 일을 다른 사람들이 어떻게 받아들일지 궁금하다면 다음과 같은 질문으로 간단히 점검해볼 수 있다. 당신이 받아들인 일이 내일 신문 1면에 난다면 무슨 일이 일어날까? 아무 문제없을 수도 있지만, 때론 그 생각이 당신을 깜짝 놀라게 만들 수도 있다. "어? 이렇게 하면 안 되겠는데?" 후자라면 당신은 목표에 도달하기 위한 다른 길을 찾아야 한다. 신문을 생각할 것도 없이 법에 저촉되는 경우라면 그대로 물러나는 게 좋다. 그렇지 않으면 그간 힘들게 쌓아온 명성이 하루아침에 산산조각 나고 만다.

낙관주의자를 위한 기준

지적인 낙관주의자는 어떤 도덕기준에 방향을 맞추고 있을까? 인지심리학자 로렌스 콜베르그Lawrence Kohlberg는 도덕의 수준을 부도덕에서부터 높은 도덕까지 세 단계로 나누었다.

가장 초기형태는 전인습적preconventional 도덕단계다. 이 수준에선 직장생활에서 성공하기 어렵다. 이 수준의 도덕성을 가진 사람은 사내 준법규정이나 규칙을 안중에 두지 않는다. 이 수준에선 오직 처벌받느냐, 처벌받지 않느냐가 관건이다. 도덕? 기준? 그런 건 상관없이 자신에게 유익하다면, 되는 건 하고 본다. 비즈니스 세계에서 만나는 사람들도 선인과 악인으로 구분한다. 나를 도와주는 사람이 선인이고 그와는 관계를 유지할 가치가 있다. 반면, 내게 힘을 보태지 않는 사람은 악인이며 그는 벌을 받아 마땅하다. 전인습적 도덕단계에 머물러 있는 사람들은 비즈니스 전략이 신통치 않을 때 충성심을 발휘한다. 그들에게 충성심이란 지도층을 향한 맹목적 신뢰를 뜻한다.

경제사범들은 전인습적 도덕단계를 사랑한다. 그들은 거짓말로 세상을 움직일 수 있으며, 뇌물로 누구라도 매수할 수 있다고 확신한다. 토르스텐 슈타이츠도 그런 유형의 인간이었다. 그는 수많은 소액예금 사기를 쳐서 총 100만 유로가 넘는 돈을 빼돌렸다. 그리고 감옥에 갔다.

교도소 환경이 그의 취향에 맞을 리가 없었다. 그가 누렸던 사치스러운 생활과 차이가 너무 컸기 때문이다. 슈타이츠는 교도소장이 스포츠카를 좋아하고 독일 투어링카 챔피언십의 광팬이란 걸 알아낸 다음 자신이 타던 포르쉐를 줄 테니 감형해달라고 제안했다. 하지만 그의 시도는 먹혀들지 않았고, 교도소장은 그의 매수 시도를 기록으로 남겼다. 그의 형기는 오히려 추가되었다.

교도소장은 도덕발달의 다음 단계인 인습적conventional 도덕을 갖춘 사람이었다. 이 단계의 도덕은 좋은 리더십을 형성하는 지침이 된다. 리더들은 사회가 어떤 성과를 기대하는지를 확실하게 알고 그것을 성취한 사람들이다. 그들은 충성심이 높고 정확하며 공정하고 준법정신이 뛰어나다. 규칙이 바뀌면 리더들은 그 또한 유연하게 받아들인다. 변화가 자신에겐 불이익을 끼칠 때마저도 바뀐 규칙을 따른다. 그리고 규칙을 빠져나가려 잔꾀를 부리는 대신, 자신에게 유리한 쪽으로 규칙을 바꾸어나간다.

우리의 사회제도는 이처럼 긍정적 고집을 지닌 지도자상을 기본으로 하고 있으며, 이런 지도자들은 주류논리를 거스르지 않는다. 다수의 동료가 새로운 길을 가고자 하면, 그게 자신의 상식에 어긋나지 않는 한 그 길을 함께 간다. 하지만 상식에 어긋난다고 판단되면 거부권을 행사한다. 이런 사람들은 정확성의 화신이며 기존 제도를 안정적으로 유지하는 데 헌신한다. 인습적 도덕유형은 심각한 갈등상황에서 확실하게 내 편을 들어줄 사람은 아니다. 조화에 더 큰 가치를 두기 때문이다. 상황이 최악으로 치달으면 그의 우유부단함이 단점으로 부각된다. 나쁜 마음을 먹어서가 아니라 겁을 먹어서다. 지적인 낙관주의자는 직업적 성공을 쌓아올리는 과정에서 그런 사람들을 적절하게 활용한다.

후인습적postconventional 도덕은 가장 높은 단계의 도덕수준이다. 이런 도덕을 갖춘 사람은 인간의 기본권, 평등 등 전 지구적이고 보편적인 원칙에 기준을 맞춘다. 이러한 원칙들은 정확한 경제행위의 기본토대가 된다. 여기에 개인의 권리와 의무가 더

해진다.

후인습적 도덕은 도덕적인 태도를 지향하고 합법과 불법 사이의 회색지대를 배격한다. 하지만 이런 도덕성을 지닌 직원이나 임원이 실물경제의 관점에선 엄청난 장애물이 될 때도 있다. 비즈니스 세계는 이해관계 계산에 따라 흘러가기 때문이다. NGO나 정치권도 크게 다르지 않다. 실제 생활에서 올바른 결정이 내려지기 힘든 이유다.

후인습적 도덕은 환경운동이나 여성운동 혹은 내부규정 관련 업계 등, 분명하게 도덕적 태도를 취할 수 있는 분야의 리더들에게서 집중적으로 발견된다. 높은 수준의 환경인식과 젠더 감수성, 혹은 기업 내 윤리강령 준수를 위해 싸울 때, 그들의 도덕적 엄격함은 진가를 드러낸다.

후인습적 도덕단계의 결정권자는 무엇이든 대충대충 하는 법이 없다. 그래서 소통하기 힘들다. 일상적 쓰임새가 많지도 않을 뿐더러, 오히려 선호 받지 못할 때가 많다. 100% 좋은 사람이 되려는 그들의 행동양식이 현실을 살아가는 다른 사람들을 오히려 괴롭게 만들기 때문이다. 낙관주의자조차 이들에게 짜증이 날 때가 있다. 후인습적 회사 내부규정 담당자는 고압적인 자세를 취하는 경향마저 있어서 회사 대표조차 보석을 만지듯 실크장갑을 끼고 그를 다뤄야 할 판이다. 그들은 도덕적 우월감을 가감 없이 드러낸다. 후인습적 도덕관을 가진 임원은 민감한 위험감지 시스템이자 회사 분위기를 가라앉게 만드는 비관주의자처럼 여겨지기도 한다. 그들은 대재앙으로 발전할 수 있는 일의 낌새를 용하게 알아차리고 미리 경고한다. 전체로부터 감사를 받아야 마땅한 능력이지만, 과해선 안 된다.

어느 정도의 회의론은 모든 낙관주의자들에게 필요하다. 마지막으로 다시 한 번 낙관주의의 성장을 돕는 요소들을 정리해보자.

- ◀ 적당한 자기애와 자기중심성
- ◀ 무언가 정확하게 해내야만 한다는 강박관념에서의 탈피
- ◀ 도덕적 딜레마에 절망하는 대신, 최적화된 해결책을 찾을 수 없는 일이 있을 수도 있다고 받아들이는 수용적 자세
- ◀ 자신에게 유익이 없을 때라도 도덕적 기준을 따르려는 태도

이 요소들을 갖춘 사람은 낙관적 삶의 태도를 안정적으로 유지하는 길에 접어든 셈이다.

지적인 낙관주의자

지난 두 장에서 우리는 낙관주의를 형성하는 데 평생에 걸친 학습과정과 태도가 중요하다는 사실을 심층적으로 탐구했다. 이제는 낙관주의를 떠받치는 마지막 기둥, 낙관주의자들의 상호작용에 대해 알아보려고 한다.

　성공은 기쁨의 모든 이유가 된다. 실패는 비관론이 들어올 수 있도록 대문과 현관문을 열어놓는다. 어떤 경우라도 당신이 비관론의 나락에 떨어지는 것을 바라지 않기에, 나는 낙관주의를 의심하게 만드는 상호작용의 함정 몇 가지를 설명할까 한다. 위험을 알면, 위험을 제거할 수 있다.

Chapter 7

지적인 낙관주의자의
커뮤니케이션

"마술은 마음속에 있다. 마음이 지옥을 천국으로 만들 수도 있고, 천국을 지옥으로 만들 수도 있다. 자신의 마음을 지옥으로 만들고 싶은 사람은 아마 없을 것이다. 마음을 천국으로 만들고 싶은 이들이여! 자기 마음속에 마술을 부려 즐겁고 찬란한 하루를 만들어라."

_____ 토머스 에디슨, 발명가

더 멀리 가는
커뮤니케이션의 비밀

커뮤니케이션으로 이뤄지는 상호작용은 성공할 수도, 실패할 수도 있다. 직장에서나 사생활이나 마찬가지다. 사소한 실수나 부주의가 커다란 감정적 파장을 몰고 오거나 당황스러운 순간을 만들어 낼 수도 있다.

ⓢ   어느 날 나는 내 상사와 함께 손님을 접대하러 나갔다. 상사는 보안과 과장으로, 조직의 핵심 인재였다. 그런데 우리를 본 손님들은 나에게 곧장 손을 내밀면서 초대해 줘서 정말 고맙다고 인사했다. 그들은 내 옆의 여성은 중요치 않다는 듯, 못 본 체 넘어갔다. 진땀이 났다. 그날 그 손님들은 대가를 톡톡히 치러야만 했다.

이런 상황은 낙관주의자에겐 일어나지 않는다. 낙관주의자는 우연을 믿지 않기 때문에 자신의 미팅 상대에 대해 철저하게 조사를 한 뒤 그 자리에 나갔을 것이다.

우리 모두는 다양한 역할을 수행하며 살아간다. 미국의 유명한 상호작용 전문가 어빙 고프만Erving Goffman은 일상에서 자신의 모습이 어떻게 표현되는가를 연구한 책에서 '우리는 모두 연극배우'라는 말을 했는데, 과연 과언이 아니다. 여기서 그가 말한 연극은 실제 연극작품이 아니라 삶에서 동시에 여러 가지 역할을 맡게 되는 우리의 변동성을 뜻한다. 그가 한 연구의 주제는 의사소통의 불균형 문제였다.

앞서 묘사한 상황에서 과장이 상황을 풀어보려 시도했다면 상대의 오만한 태도를 현장에서 꺾어버릴 수 있었을 것이다. 아니면 그들의 행동을 유머로 넘겨버릴 수도 있었을 것이다. 하지만 이런 것들은 다 지나간 다음에야 생각나는 법이다.

상호작용은 지뢰밭이며 동시에 이 지뢰밭 위에서 인간의 다면성이 드러난다. 다양한 업무를 수행해야 하는 까닭에, 카리스마 있는 상사와 친절한 대화상대, 절대 지지 않는 협상가이자 노동자 친화적인 사업가의 역할이 한사람에게 요구되는 것이다.

기업의 임원, 경영자, 직원의 대부분이 자신이 반드시 지켜

지적인 낙관주의자

야 할 본연의 역할로 원칙의 준수를 꼽는다. 그런데 거의 모든 사업에서 외부의 요구는 비용을 줄이는 데 집중된다. 이 요구가 오직 불법고용을 통해서만 충족된다면, 경영자는 그야말로 진퇴양난이다. 그는 법을 지키면서도 동시에 값싸게 제품을 생산해야 하는 것이다.

그래서 그들은 합법적인 절차를 통해 동유럽에 자회사를 만들고 생산을 일임한다. 그리고 그 곳에서 무슨 일이 벌어지는지는 들여다보지 않는다. 그렇게 그는 자신에게 부여된 역할에 충실하면서도 모든 일을 합법적으로 처리한다. 겉으로 보기엔 훌륭하게 직무를 수행하고 있으며 스스로도 자신의 일처리 능력에 만족한다. 비록 자회사의 업무가 그리 정당하지 않게 진행되고 있다는 사실을 알고 있더라도 말이다.

상호작용의 원칙

비즈니스 세계는 역할갈등의 집합소다. 이걸 견디지 못한다고 해서 당장 추락하진 않겠지만 이걸 못 견디는 사람이 더 높은 곳에 올라갈 수도 없다. 직업적 성공과 경쟁에 관심이 많은 지적인 낙관주의자는 이 사실을 잘 안다. '고어텍스 멘탈' 없이 이런 역할갈등을 견뎌내긴 힘들다. 특히 경쟁상대가 페어플레이어가 아니라 헛소문을 퍼뜨리는 떠버리일 때는 상황이 심각하다. 상호작용이론에서는 상대에게 오명을 씌우는 술수를 '낙인찍기 Labeling Apprach'라고 부른다.

그런데 당사자에게 짜증나는 꼬리표를 붙여 유쾌한 기분을 갉아먹는 이 부정적인 낙인은 어떻게 생겨나는 걸까? 그런 낙인을 만드는 건 누구이며, 어떻게 낙관주의자의 감정에 영향을 미치는 걸까? 또한, 직원이나 임원에게 부정적 도장을 찍을 수 있는 권력을 가진 사람은 누구일까?

배기가스 조작 이슈가 있는 폭스바겐그룹의 전前 이사회 회장, 마틴 빈터콘은 아마 이 질문에 거침없이 페르디난드 피에히라고 답할 것이다. "좋지 않은 감정으로 폭스바겐을 떠난 전직 폭스바겐그룹 이사회 의장 페르디난드 피에히가 디젤게이트의 책임을 전직 회장 마틴 빈터콘에게 전가했다. 경찰청에 출두한 페르디난드 피에히는 마틴 빈터콘이 이전부터 배기가스 조작에 관한 사실을 인지하고 있었다는 내용의 상세진술을 마쳤다."

낙인찍기 권력이 없는 사람은 직장에서 성공하는 데 어려움을 겪을 것이다. 제3자에게 호의를 사기 위해 전력을 다해야 하기 때문이다. 그래서 지적인 낙관주의자는 자신이 어떻게 보이길 원하는지를 정한 다음, 그에 맞도록 처신한다. 미친 개가 됐든, 공정한 팀플레이어가 됐든, 위기 속에서도 여유를 보이는 현실적 낙관주의자가 됐든, 만장일치를 중요시 여기는CEO가 됐든, 어떤 모습인지는 중요치 않다. 어디를 향해 있는지를 분명히 드러내는 게 중요하다. 그러다 보면 결국 그 모습에 알맞는 역할을 찾게 될 것이고 다른 사람들에게 확신을 줄 수도 있을 것이다.

연극을 하자는 말이 아니다. 이런 행동은 사회생활에서 진정한 프로필을 만들어 나가는 작업이다. 우리의 경우엔 이 과정에 최고의 낙관주의도 적당히 가미하게 될 것이다. 분명한 자기표현은 분명한 상호소통으로 이어진다.

추진력 강한 리더의 모습으로 보이기 원하는 기업 임원이 있다. 그가 다른 사람과 의견이 충돌하는 상황에서 두 번 정도 강하게 자신의 뜻을 관철해낸다면, 사람들은 그를 믿을 수 있고 추진력 강한 사람으로 인식할 것이다. 진정성을 중요시 여기는 사람이라면, 자신의 의견에 사사건건 반대하는, 마음을 열지 않는 사람들을 모아 함께 술을 마시며 진심을 전할 수도 있다. 분명한 의사표현, 분명한 반응, 분명한 역할규정. 이보다 더 좋은 건 없다.

반면, 동료 사이에서건, 상하관계에서건, 불분명하고 모호하며 이랬다저랬다 하는 자기표현만큼 혼란과 긴장을 유발하는 것도 없다. 이런 처신은 모든 사람을 짜증나게 만든다. 그 사람을 어떻게 대해야 할지 알 길이 없기 때문이다. 그래서 낙관주의자는 확실한 자기표현을 선호한다.

가끔은 낙관주의자가 원래보다 둔한 척하는 것이 현명할 때도 있다. 특히 특정한 상사와 무언가를 해야 할 때가 그렇다. 가끔씩은 어떻게 그 자리에까지 올랐는지 의문을 갖게 하는 상

지적인 낙관주의자

사가 있지만, 그를 의심하고 있다는 걸 절대 들킬 순 없다. 그럴 때 둔감한 상호반응이 필요하다. 그들도 자기 능력의 한계를 누구보다 잘 알기 때문에 그들의 부족한 능력을 숨기기 위해 안간힘을 쓴다. 그들은 누구에게도, 어떤 분야에서도 추월당하지 않고자 한다. 지적인 낙관주의자는 그들은 세심하게 다룰 줄 안다.

    "미안한데, 일 분만 내주실 수 있을까요?" "물론이지, 무슨 일인가?" 단순한 상사는 궁금해 하며 사무실 밖으로 나왔다. "전에 제 아이디어에 피드백을 주신 걸 두고 계속 생각을 해 왔는데요…", 이렇게 말하며 새로운 프로젝트 구상을 슬며시 내민다. "이 아이디어가 어떤 것 같으세요?"

심리학적으로 이 경우 상사는 새 프로젝트에 호의를 가질 가능성이 높다. 왜냐하면 이 프로젝트 구상을 상사가 준 피드백에서 얻었다는 전제를 깔았기 때문이다. 나는 '그의' 아이디어를 구체적으로 발전시킨 것에 불과했다. 예상대로 상사는 "좋은 생각이군!"이라고 말했다. 그는 이제 자신도 그 프로젝트의 일원이라고 느끼는 듯했다.

"다행입니다. 내일 아침회의에서 발표를 하고 싶은데, 괜찮을까요?" 상사는 그러라며 동의했다.

다음날 회의가 시작된 지 20분 후에 나는 손을 들어 발표를 자청했다. 동료들이 짜증 섞인 눈빛을 내게 보냈다. 나는 이에 굴하지 않고 곁눈질로 상사를 바라보며 말을 계속했다. "여러분들에게 소개하고 싶은 프로젝트 아이디어가 있어서 발표를 자청했습니다. 이미 부장님은 이 아이디어에 동의를 하셨고…" 바로 그 순간 상사는 좌중을 향해 만족스럽게 고개를 끄덕였다. 그 회의실에서 새 의견에 반대를 표한 동료가 몇 명이나 있었을 거라고 생각하는가?

이 상호작용 결과는 다음과 같다. 단순한 상사는 만족했고, 새 프로젝트는 추진되었으며, 동료 중 압도적 다수가 이에 찬성했고, 비판은 소수의견으로 묻혔다. 더 이상 좋을 수는 없었고, 내 기분 또한 상승기류를 탔다.

그러니 성공적인 상호작용을 위해 반드시 당신 주위사람들의 의견이 당신의 의견과 일치할 필요는 없다는 것도 기억해두면 좋다. 당신이 하려는 일을 정확히 알리기만 하면 된다. 예측 가능성은 모두를 안심할 수 있게 해주기 때문이다.

실비아 아르놀즈는 이와 반대되는 경험을 했다. 그는 경제 범죄와 관련된 인터뷰를 할 때마다 상사로부터 허가를 받아야 했는데, 이는 공무원에게 적용되는 일반적 규칙이었다. 보통은 허가받기가 어렵지 않았으나 가끔씩 거절당할 때가 있었다. 그 이유에 대한 추가 설명도 없어서 그녀로선 영문을 알 수가 없었다.

몇 년 후 그녀는 지방정부에서 좀 더 책임 있는 자리를 제안받아 자리를 옮기게 되었다. 작별 인사를 나누면서 마지막으로 상사에게 가끔씩 인터뷰를 허가하지 않은 이유에 관해 물었다. 상사는 그를 뚫어지게 쳐다본 후 말했다. "정말 그 이유를 알아차리지 못했단 말입니까? 내가 다섯 번마다 한 번씩 거절했다는 걸 파악하지 못했습니까?"

"몰랐어요." 그녀는 솔직하게 대답했다. "그런데 왜 다섯 번이죠?" 그의 대답은 이랬다. "대중에겐 당신이 나보다 훨씬 더 유명하니까 당신이 내 말을 듣는지 알아볼 필요가 있었지. 하지만 당신은 아주 훌륭하게 그걸 통과했어요. 자, 이제 궁금한 게 더 있나요?" 아니, 이제 더 물어볼 건 없었다. 상사의 대답만으로도 그녀는 충분히 어이가 없었기 때문이다.

이런 식의 충성도 테스트는 기업의 임원들이 선호한다. 낙관주의자라면 자신이 이 테스트의 대상자가 됐다는 사실에 화내지 않는다. 이 테스트는 잠재력이 있는 직원들에게만 적용되기 때문이다. 더 높은 곳에 올라가기 위해 통과해야 할 바늘구멍 같은 거로 여기면 된다. 상호작용의 원칙에 관한 문장 "만일 사람이 상황을 현실로 정의하면, 그것은 결과적으로 현실로 나타나게 된다"를 떠올린다면 이해가 쉬울 것이다. '토머스의 정의Thomas Theorem'라고도 불리는 이 상황정의는, 당신도 모르는 새 충성을 시험 당했다는 것에서 비롯된 분노를 그 상사가 당신을 특별히 선호한다는 증거로 재정의하라고 충고한다.

토머스의 정의는 사소한 것에서조차 완벽한 효과를 발휘한다. 예컨대, 모든 회사가 복사용지가 부족하게 될까(상황의 정의) 두려워한다면, 엄청난 양의 복사용지를 구비하려(결과적 현실) 할 것이다. 그럼 복사용지 품귀사태가 일어난다. 협상에서도 원리는 동일하다. 자신의 상대가 강하다고 정의한 영업사원은 대화시작부터 수세에 몰린 기분을 느낀다. 그래서 큰 성공을 바라지 않게 되고, 그럼 결과적으로도 성공할 수 없다. 상대가 이미 자신보다 우세하다고 느끼기 때문이다. 상호작용은 낙관적 혹은 비관적 기대감을 발생시키는 능력과 영향력이 있다.

일상이
상호작용을 좌우한다

정확한 순간에 적절한 상호반응을 하려면, 선명한 입장 표명이 우선이다. 입장이 분명하면 오고가는 신호가 확실해져 훌륭한 의사소통을 할 수 있다. 그래서 낙관주의자는 자신이 원하는 그림, 선호하는 상을 적극적으로 제시한다. 물론 자신의 강점과 특기를 드러낼 수 있는 긍정적 그림이다. 반면, 자신의 능력이 평균 이하인 영역에선 같은 팀 안에서 재능 있는 다른 전문가에게 칼자루를 넘긴다. 훌륭한 자기표현에 주변의 잠재력을 지원하는 자세가 성공의 열쇠다. 이렇게 하면 전문가적 지식이 십분 발휘되어 업무성과는 개선되지만 자신의 업무량은 줄어들기 때문이다. 이런 전권이양은 낙관주의자가 선호하는 상호작용방식 중 하나다. 낙관주의자가 여유 있게 사는 비결이기도 하다. 그들은 다른 사람이 더 잘 할 수 있는 일에는 관여치 않는다. 훌륭한 인재를 지원하고, 업무를 분담하고, 그들의 성과를 평가하는 것만으로도 역할은 충분하다. 낙관주의자들은 이런 식으로 영향력 행사하기를 즐긴다.

낙관주의자는 스스로 비유적 장면을 연출한다. 상징성을 장악하는 것이다. 새로운 관용차를 하이브리드로 구입함으로써 환경 친화적 성향을 드러낼 수 있다. 어느 CEO는 경비처리할 수 있는 출장에서 항상 이코노미 클래스를 고집했다. 그의 회사에서 일하는 다른 고액 연봉자들 역시 비즈니스나 퍼스트 클래스를 탈 엄두를 내지 못했다. 이코노미 좌석의 CEO와 눈이 마주치면 무척 당황스럽기 때문이다.

외모는 상징적 상호작용이 이뤄지는 중요한 통로다. 뮌헨의 한 옷가게 사장은 직원들에게 어떤 신호를 보낸다. 둥근 안경을 쓴 날은 "오늘은 개인적인 얘기를 나눌 여유가 있다"는 뜻이지만 각진 검은 테를 쓴 날엔 그녀를 멀리하는 편이 낫다. 당연히 직원들은 사장님이 상징적으로 말하려는 바를 제대로 이해하고, 적절한 상호작용의 근거로 삼고 있다.

분명한 상징은 정확한 방향설정의 근거가 된다. 하지만 상징이 분명하지 않고, 해석의 여지가 발생하면, 그 상징에 근거해 방향을 잡을 수가 없다.

새로 부임한 어느 팀장은 팀의 리더로서 확실한 태도를 보이는 일에 큰 비중을 두지 않았다. 그 스스로가 헐렁하게 옷을 입고, 편한 어조로 말하며, 관례를 무시했다. 그는 직원들에게 친근하게 지내자는 신호를 보내면서 실제로 친구처럼 대했으며 직원들 또한 이를 반갑게 받아들였다.

그의 팀 구성원들은 점차 관례에 얽매이지 않고 헐렁한 태도를 보였다. 때론 중요한 약속시간에 늦게 나타나는 팀원도 있었다. 고객을 상대할 때도 편한 태도를 고수했고, 때론 반말을 쓰기도 했는데, 모든 고객이 그런 태도를 좋게 평가하는 건 아니었다. 결국 팀장이 고객을 대할 땐 예절과 관례를 따르라고 부탁했을 때, 그걸 강제성 있는 말로 받아들이는 사람은 아무도 없었다. 팀 안에서 이미 그의 권위는 사라진 뒤였는데, 그건 그가 뿌린 친근함이란 씨앗이 친근함이란 열매를 맺은 결과였다. 이 상황을 단순하게 정리하기 위해서는 내부의 관계는 편하게 해도 되지만 고객과의 관계는 진지하게 하라는 확실한 한 마디면 충분했다.

심리학자 허버트 블루머Herbert Blumer는 상징적 상호작용론의 창시자다. 그는 일상이 인간에게 어떤 작용을 하는지를 연구했다. 당신의 넥타이는 진지한 사람이란 인상을 주는가, 아니면 당신을 고루한 꼰대로 보이게 하는가? 당신은 어떤 상징물(고가의 시계나 보석)을 착용하고 있으며 그것으로 무엇을 표현하고자 하는가? 고객이나 동료들은 이를 어떻게 받아들이는가? 당신은 비싼 스포츠카를 타면서, 가게나 작업현장에 갈 땐 '사치스러운 허풍쟁이'란 메시지를 전달하지 않기 위해 일부러 소형 세컨드카를 타는가? 당신이 만약 그런 유형에 속한다면, 그건 잘못된 상징적 행동이 전체 분위기를 순식간에 망쳐버릴 수도 있다는 걸 잘 알기 때문일 것이다.

허버트 블루머의 상징적 상호작용에 관한 첫 번째 기본 원칙은, 인간은 그들이 그것으로 생각하는 의미에 근거하여 사물에 대해 행동한다는 것이다. "'세 사람이 호랑이가 있다고 하면 거기엔 호랑이가 있다'는 옛말처럼." 프로젝트 수행을 맡은 팀이 엄청난 문제점을 찾아냈다고 생각하면 그 문제는 엄청난 것이 된다. 팀은 호랑이를 향한 두려움에 몸이 굳어버리고, 호랑이는 분위기를 압도한다. 이 두려움은 초기 사회화 과정에서 경험한 위험에서 비롯된다. 과거 두려움을 느꼈던 경험이 클수록 불안감이 커진다. 하지만 이건 낙관주의에도 똑같이 적용되는 원리다. 과거 낙관적 경험이 많을수록 미래를 향한 확신이 커진다.

블루머의 두 번째 기본 원칙은, 이러한 경험이 사람에 따라 다르게 평가되고 해석된다는 것이다. 그러니 낙관적 사고와 함

지적인 낙관주의자

께 성장한 사람이라면 언젠가는 그 호랑이를 때려잡을 수 있을 것이라고 확신한다. 반면, 비관적 생각으로 가득한 사람은 언젠가 잡아먹힐지 모른다는 두려움에 시달릴 것이다.

균형 잡힌 정체성의 설정

　균형 잡힌 정체성이 부족하면 정확한 순간에 올바른 행동을 할 수 없다. 예를 들어, 꿈꾸는 성공과 현실적 지위가 충돌할 때 정체성의 불균형이 발생한다. 목표는 저 높이에 두었지만, 실제 손이 닿는 곳은 아래인 상황이다. 이러한 부조화는 과도한 분노로 이어진다. 그 대상은 자신 곁을 지켜온 자상한 아내일 수도(누군가는 책임을 져야 한다는 데서 딜레마는 발생한다), 혹은 자신을 비판해 온 사람일 수도 있다. 자신이 정한 목표를 이룰 수 없단 깨달음엔 고통이 따른다. 그리고 그 고통을 숨기려고 엉뚱한 사람을 때린다.

　정체성 균형이 무너진 사람들은 팀 내 다른 사람을 작게 만들어 자신이 높아지려는 유혹에 넘어간다. 때론 그 사람의 아이디어가 훨씬 나은데도 그걸 사장시켜 버린다. 심리학에선 이런 기제를 '영광의 고립Splendid Isolation'이라고 부른다. 정체성 균형을 상실한 비관주의자는 자신보다 아름답게 빛나는 모든 것을 망치려고 한다. 이런 비관주의자가 권력을 잡으면 심기에 거슬리는 모든 일에 제동을 건다. 그의 손에 쥐어진 결정권은 횡포의 도구로 전락한다. 그는 사업의 번영이 아니라 자신의 만족을 위해 결정한다.

지적인 낙관주의자가 이 딜레마를 해결하는 방식은 간단하다. 낙관주의자는 자신의 바람을 꺾고 도달 가능한 목표를 다시 설정한다. 혹은 극단적 목표에 도달하기 위해 초인적인 능력을 발휘한다. 그렇게 균형을 유지한다. 그 과정에서 자기실현적 예언은 그들을 돕는다. 낙관주의자들은 항상 자신의 성공 가능성에 관해 말하기 때문이다. 그들은 자신의 믿음에서 다시 일어날 힘을 얻는다. 자기암시를 만들고 그걸 굳게 믿음으로써 결국 실현에 성공하는 것이다. 자기암시는 알 수 없는 에너지를 발산하고, 평균을 상회하는 낙관주의자의 적극성은 그들이 열망하는 바를 이뤄낼 가능성을 높인다. 낙관주의자들은 자기암시의 장인이다. 그들은 자신의 성공을 상상할 수 있다. 그리고 그들이 상상할 수 있는 것은 실현할 수도 있다.

닐 암스트롱Neil Amstrong은 훨씬 앞서갔다. 그는 1969년 7월

20일보다 한참 전부터 달 착륙을 상상했다. 그 상상이 얼마나 구체적이었던지, 달에 첫발을 내딛으며 "이것은 한 인간에 있어서는 작은 한 걸음이지만, 인류 전체에 있어서는 위대한 도약"이란 말을 하겠다는 결심마저도 이미 오래전에 마쳤다.

낙관적 사고는 성공적 행동을 돕는다. 그리고 잘못된 결정에 예민하게 반응한다. 지적인 낙관주의자들은 삐걱대는 부분을 쉽게 감지한다. 낙관적 전망이 흐릿해지고 상호작용도 왠지 모르게 잘못된 방향으로 흘러가기 때문이다. 지적인 낙관주의자의 예민한 지진계가 위협적인 일이 닥쳐오고 있다는 신호를 보내는 것이다. 그렇게 성공의 반대 방향으로 일이 진행되는 걸 알아차린 사람들은 살아남기 위해 예방적 조치를 취한다. 그런데 이런 능력이 부족한 사람들은 종종 역풍을 너무 늦게 알아차리기도 한다.

중국으로 파견 간 대기업의 영업부장이 오랜 주재원 생활을 마치고 독일로 돌아왔다. 중국에서 막중한 임무를 완수하고 곧장 본사로 복귀한 그는 자신의 국제적 성공을 독일에서 치하 받으리라 믿었다. 그런데 막상 본사 동료들은 그를 따돌렸고 그는 그들에게 동료의식을 느낄 수가 없었다. "저 사람은 유럽 시장이 어떻게 돌아가는지 전혀 알지 못한다. 그러니 본사엔 어울리지 않는다"라고 쑥덕거려 온 것이다. 자신이 거둔 국제적 성과가 앞날을 보장해 주리라는 그의 생각은 완전히 빗나갔다.

경제심리학자인 메들린 라이트너Madeleine Leitner는 동료들이 이런 식으로 낙인찍기 하는 이유를 다음과 같이 설명한다. "낙인찍기를 일삼는 사람들은 대부분 권력 욕망은 큰데 실제 능력이나 자신감은 없는 사람들이다. 그렇게 함으로써 경쟁의 싹을 잘라버리는 것이다."

성공에 초점을 맞춘 지적인 낙관주의자는 다른 식으로 전략을 짠다. 지적인 낙관주의자라면 주재원 임무를 성공리에 마치고 복귀한 그를 향한 경쟁자들의 두려움과 거부감을 일찌감치 예상하고, 해외에 있을 때부터 본사의 인맥과 전화통화를 자주 했을 것이다. 지위가 높고 우호적인 본사 인맥을 찾아내 필요한 지원사격을 부탁하는 것이다. 혜안을 지닌 지적인 낙관주의자가 호시절에 중국에서 키워둔 인맥은 본사에서 그를 붙들어주는 든든한 동아줄이 될 것이다.

유쾌함을 유지하는 비결

　지적인 낙관주의자들은 권력이 어떻게 움직이는지를 예측하는 데 자신의 역량을 총동원한다. 대니얼 카너먼에 따르면 그 역량은 다음 세 가지 기둥요소로 구성된다.

유쾌한 기분을 유지하고 위협적 재앙을 예측하는 공감능력

　다른 사람의 감정을 느끼는 능력은 비관주의자와 낙관주의자를 구분해 음험한 사람들 사이에서 충성스러운 동료를 골라내는 작업을 도와준다.

모호함에 대한 관용

　여러 공을 한 번에 굴리는 저글링 선수처럼 서로 다른 요구

　　　　　　　　　　　　지적인 낙관주의자

를 동시에 수행하는 데 필요한 능력이다. 노조와의 협상, 인사 결정, 예산배분과 더불어 사생활에 닥친 위기도 동시에 돌파해 나가야 하는 상황이라고 하자. 낙관주의자는 그 모든 문제를 적당히 해결한다. 낙관주의자는 100% 완벽하게 해결되지 않아도 70%가 제대로 돌아간다는 사실에 행복감을 느낀다. 70% 라는 기준치가 그들이 유쾌한 기분을 유지할 수 있는 비결이다. 그들은 그 이상은 되지 않는다는 걸 깨닫고 그 정도 선에서 만족한다. 해결되지 못한 30%를 견디는 능력이 바로 모호함에 대한 관용의 기술이다.

좌절 인내심

큰 그림을 향해 좁은 보폭으로 오랜 기간 걸어갈 수 있는 능력이다. 그 과정에서 긴 호흡을 유지해야 꾸준히 침착할 수 있다. 좌절 인내심의 열쇠는 언젠가는 이뤄진다는 사실을 아는 것이다. 당장 올해가 아니라 다음 해일지라도 언젠가는 반드시 이루어진다. 그래서 당장 추진하던 프로젝트가 서랍 속으로 사라졌다 할지라도 언젠가 새로운 기회에 다시 부활할 수 있다고 믿을 수 있다.

위험한 상호작용
걸러내기

원활한 상호작용은 상징을 이해하는 직관과 명확한 자기표현, 균형 잡힌 정체성, 업무처리 능력을 기반으로 한다. 그런데 아직 거론하지 않은 에이스 카드가 한 장 더 있다. 그건 바로 업무영역에서 누가 아군이고, 누가 적군인지를 파악하는 능력이다. 이 능력이 뛰어난 낙관주의자일수록 문제를 풀지, 피할지를 똑똑하게 판단한다. 이런 분석의 시작은 간단한 산수다.

낙관주의자는 팀 내 역학관계를 확실하게 파악하고 있다. 그리고 계속해서 피드백을 주고받는다. 문제 직원과의 피드백이 원활하지 않다면, 축구경기에서 구두경고, 옐로우 카드, 레드 카드 순으로 경고의 수준을 높여 가듯이 지위강등, 좌천, 해고 등의 적극적인 방안을 도모 할 수도 있다. 이런 직원을 그냥

지적인 낙관주의자

무시하거나 전략적으로 대응하지 않을 경우 그저 웃고 넘어갈 수 없는 상황이 일어나고 만다. 바로 그 직원 때문에 성공이 예견되던 프로젝트가 엎어질 수도 있다.

우리의 일상에는 그 진의를 꿰뚫어 봐야 할 위험한 상호작용이 넘쳐난다. 이걸 결혼생활에 적용하면 배우자를 수세에 몰아넣을 수 있다. 배우자에게 좋은 실크셔츠 두 벌을 선물한다. 그가 그중 한 벌을 꺼내 입으면, 슬픈 눈으로 실망한 듯 말하면 된다. "다른 건 마음에 안 들어?" 비즈니스 관계에서도 이런 오해는 얼마든지 발생한다.

세바스티앙 슈뢰더는 온갖 수단과 방법을 가리지 않고 그를 들볶아대는 동료 때문에 골치다. 어떤 복잡한 보고서를 작성해 달라는 부탁을 들어준 게 시작이었다. 세바스티앙이 보고서 첫 문장을 시작하기가 무섭게 동료는 또 다른 보고서를 세바스티앙에게 넘겼다. 하지만 바로 그 순간 그는 '질 수밖에 없는 상황'에 말려들었다. 세바스티앙이 어떤 보고서를 먼저 완성하자마자 그의 동료는 세바스티앙이 우선순위를 잘못 정했다며 불평불만을 늘어놓았다. 동료는 세바스티앙이 너무 느리고 일의 시급함을 계산하는 감각이 무디다고 원망했다.

이런 상황은 어떻게 예방할 수 있을까? 일단은 두 번째 업무요청을 거절했거나, 업무를 지시한 사람에게 두 사안 중 무엇이 먼저 처리돼야 할지를 서면으로 확인했더라면 좋았을 것이다.

애매한 표현 또한 부메랑으로 돌아올 수 있다. 그런 표현은 불안을 조성하는 데 목적이 있기 때문이다.

위험한 상호작용의 정점에는 루핑효과looping effect가 있다. 불공정하고 뼛속까지 비관적인 상호작용이다. 어떤 사람이 잘못된 반응을 이유로 상대에게 제재를 가할 의도로 일부러 상대를 도발하는 것이다.

클라우스 모어만은 루핑효과에 정통한 비관주의자다. 그는 베를린에서 비행청소년들을 관리하는 시설의 18개의 지역 사무소를 관장하고 있다. 과격한 말썽꾸러기 청소년 한 명이 눈에 거슬리자 그는 청소년의 귀에다 쓸데없는 소리를 속삭였다. 청소년은 모어만이 말로 자신을 공격을 했다고 생각했고 그건 소년의 생각이 옳았다. 폭발할 길을 찾던 소년의 분노는 결국 주먹을 날려 모어만 사무실의 벽 한 귀퉁이를 부수는 것으로 터졌다.

당연히 그날 회의의 주제는 이 비행청소년의 과격한 행동이었다. 너무 공격적이고 위험하다는 이유로 그의 퇴소가 결정됐다. 클라우스 모어만은 골칫거리를 해결해서 만족스러웠다. 자신의 장난질이 들킬까 하는 두려움은 없었다.

지적인 낙관주의자

꼭 모어만이 아니더라도 우리는 격에 맞지 않게 행동하는 비관주의자와 어디서나 마주칠 수 있다. 그럴 경우 낙관주의자라면 결코 그들의 도발에 말려들지 않을 것이다. 그들은 거짓말쟁이의 모습으로, 혹은 경쟁자나 언론인의 역할로 당신을 도발할 수 있다. 그들의 부추김에 넘어가는 대신 이렇게 대답하라. "당신이 중요한 부분을 언급한 것 같군요. 곰곰이 생각해보겠습니다." 그리고 몸을 돌려 그 자리를 떠나라. 도발하는 사람에게 가장 큰 도발은 그의 도발을 무시하는 것이다. 이런 식으로 당신은 시간을 벌 수 있다. 그리고 시간이 지난 후에, 가끔씩은 시간이 아주 많이 지난 후에 그 도발에 반응할 기회가 찾아올 때도 있다.

◉ 수자네 벡스만은 투자를 했다가 7,000유로를 사기 당했다. 담당 컨설턴트가 자기의 이득을 위해 벡스만에게 말도 안 되는 종목을 추천한 것이다. 그녀의 돈은 그대로 사라졌다. 벡스만은 매우 화가 났다.

9년 후 벡스만은 한 무역회사의 인사팀을 총괄하게 되었다. 금융부서의 연봉 높은 자리가 비었고, 인사팀 직원들은 수많은 지원자 중 가장 뛰어난 사람을 세 명 골라 벡스만이 직접 검토하게 될 최종후보 명단에 올렸다. 그녀는 그들의 이력서를 훑어보다가 가장 유력한 후보의 이력서가 예전 컨설턴트의 것임을 발견했다.

벡스만이 채용위원회에 그를 선발하지 말아야할 사유를 쓰는 데 10초밖에 걸리지 않았다. "제가 아는 사람입니다. 이력서는 훌륭하지만 이익을 사적으로 취하는 경향이 있습니다." 즉각 그의 이력서는 검토대상에서 제외되었다. 하지만 그것만으론 충분치 않았다. 벡스만은 비공식적으로 자신의 인적 네트워크에 그에 관한 정보를 흘렸고, 그 컨설턴트는 무역관련 업종에 발 들이는 걸 포기해야 했다.

수자네 벡스만은 자신의 행동을 통해 사회정의의 구멍 하나가 메워졌다고 생각했다. 잘못된 플레이어가 자기 분야에 들어오는 걸 막은 건 잘한 행동이라고 말이다. 심리극작가 모레노의 언어를 빌리자면, 그녀는 과거에 성공하지 못했던 부정적 사업을 제대로 마무리 지은 셈이다. 게다가 이 경험은 그녀가 미래를 긍정적으로 생각하는 데도 도움이 됐다. 바람직한 전환이 아닐 수 없다!

지적인 낙관주의자는 인생에서 사람은 두 번씩 마주치게

된다는 걸 안다. 그리고 그 사실을 기분 좋게 생각한다. 함께 마시던 우물에 독을 풀어놓고 떠난 사람은 다시 만난 상대에게 자비를 기대하면 안 된다. 적어도 그 상대가 지적인 낙관주의자일 경우엔 자비란 없다. 오늘날 세상은 모두가 모두를 알고 인적 네트워크가 어디나 닿아있다. 사적으로나 업무상으로나 음흉한 상호작용으로 누군가를 도발했다간 언젠가는 자신이 위험에 처할 수도 있다.

누군가 '혁신'을 얘기할 때도 주의 깊게 들어야 한다. 희망 없는 프로젝트를 기회로 위장해 팔아치울 때 곧잘 소환되는 단어이기 때문이다. 회사사람 모두가 이 프로젝트는 실패할 게 뻔하다는 사실을 알고 있지만 당신의 지진계만 민감도가 떨어져서 모르는 걸 수도 있다. 혁신이란 개념엔 '앞으로 어떻게 될지 그 누구도 확실히 알지 모른다'는 의미가 내포돼 있다. 확실한 것은 대부분의 혁신이 실패한다는 사실뿐이다. 그것이 새로움의 본성이기 때문이다.

지적인 낙관주의자는 미래에 관한 상상력이 자신의 전문분야라는 걸 잘 안다. 그래서 혁신적 프로젝트에 임할 땐 먼저 그 혁신이 실패할 경우에도 자신이 부담을 떠안는 게 아니라 새로움을 추구한 용기가 인정받도록 서류작업을 꼼꼼히 해 둔다.

지금까지 열거된 위험한 상호작용은 멀쩡한 낙관주의의 날개도 꺾어놓는 낙관주의의 저격수다. 그러므로 완전히 몰아내야 마땅하다. 낙관주의자는 이런 위험한 상호작용을 예측하고 그 함정에 빠지지 않도록 회피전략을 구사할 때 낙관주의의 울타리에 머물 수 있다.

낙관주의자를 만드는 사회화 과정은 올바른 학습, 올바른 태도, 정확한 시점의 올바른 행동에 달렸다. 이는 이론적으로는 물론, 연구결과나 현장 사례를 통해서도 구체적으로 설명되었다. 이것을 기초로 현명하게 행동하는 사람은 낙관주의자가 되는 기반을 견고하게 다진 셈이다. 이미 기술한 대로 낙관주의자가 살아가는 놀라운 방식에는 여러 가지 장점이 있다. 이 대목에서 그 장점 중 몇 가지를 다시 한 번 상기시키려 한다. 진짜라고 믿기 어려울 정도로 훌륭한 장점이기에 몇 번이고 강조할 필요가 있다고 생각한다.

- 긴 수명
- 빠른 회복력
- 채용과정에서 선호되는 태도
- 유쾌한 기분
- 직업적 성공

▼ 좋은 배우자

▼ 긍정적 자기평가

나 역시 이러한 장점을 누리고 있다고 자부한다. 낙관주의
에 자기실현적 예언과 긍정적 집중이 어우러져 내가 앞으로도
쭉 낙관주의자로 살 수 있도록 도와줄 것이다. 누군가는 최고
의 낙관주의자로 직업적 성공을 지향하고, 다른 누군가는 숨은
낙관주의자로 작은 개인적 행복을 만끽한다. 당신 또한 기대에
딱 맞는 모델을 찾아내길 진심으로 희망한다.

낙관주의자의 탈을 쓴
사기꾼 구별법

광고계는 일찌감치 "섹스는 돈이 된다"는 사실을 알고 있었다. 낙관주의 역시 돈이 된다. 혹시 이 사실을 부정하고 싶다면 그전에 한 번이라도 TV광고에 비관적 이미지가 등장하는 걸 봤는지 살펴보는 걸로 충분하다. 낙관주의는 돈이 된다. 불행하게도 금융 사기단, 몽상가 비즈니스맨, 고등 사기꾼도 이 사실을 안다. 그래서 그들은 고객의 주머니에서 돈을 빼내기 위해서라면 사람의 마음을 흔드는 낙관주의의 아우라를 적극 동원한다. 마지막으로 낙관주의의 오용사례를 설명하려고 한다. 사람의 선의를 믿고 보는 당신의 낙관적 인간관이 금융 도박꾼을 만나 희생되는 걸 막기 위해서다.

잠재된 위험을 좀 더 잘 식별할 수 있도록 위험인물을 유형

지적인 낙관주의자

별로 나누어 보았다. 설명을 읽고 나면 당신에게 사기를 치기 위해 낙관주의자 흉내를 내는 사람들이 접근해 올 때 쉽게 알 아차릴 수 있을 것이다. 이 유형 분류는 중산층을 대상으로 한 경제범죄를 연구한 논문을 참조했다.

다음 다섯 가지 유형에 해당되는 인물과 마주치면 각별히 조심하며 거리를 유지하라. 그들의 긍정적 등장에 당신의 눈이 멀도록 허락하지 마라. 이들은 처음엔 굉장히 친절하기 마련이 다. 하지만 그들이 당신의 돈이나 재산을 뜯어내고 나면 태도 는 돌변한다. 그땐 이미 그들이 자신의 음흉한 의도를 실현한 이후고, 당신은 그들에게 뜯긴 돈을 되돌려 받기 힘들 것이다.

오판하는 유형

오판은 실제 경제상황에서 자신의 전문성을 과신하거나 너 무 과한 성공을 기대하는 데서 시작된다. 비극적인 건 이런 유 형은 자기 확신이 너무 강한 나머지 자신이 그 사기극의 최초 피해자라는 점이다. 순진한 낙관주의자 유형과 유사하지만 순 진한 낙관주의자와는 다른 한 가지는, 오판하는 유형은 오직 돈에 관해서만 '많을수록 좋다'는 낙관주의를 고수한다는 점 이다. 이 유형은 새로운 사업 아이디어에 자기가 제일 먼저 열 광한 나머지 정확한 계산은 포기해 버린다. 세부사항을 알면

알수록 사기는 꺾이고 사업의 현실화가 멀어지는 만큼, 그는 창의적 인재는 계산을 하지 않는 법이며 성공을 믿지 못하는 속물들이나 계산기를 두드리는 법이라고 자신부터 설득한다.

오판가는 자기 꿈을 실현하기 위해 너무 많은 빚을 진다. 특히 아이디어를 팔아 다른 사람들에게서 돈 빌리는 데 적극적이다. 하지만 일은 대부분 제대로 진척되지 않다가 실패하고 만다. 그런데도 오판가는 이런 상황을 받아들이는 걸 끔찍이도 힘들어 한다. 외부에 도움을 구하는 것은 아예 실패했다고 광고를 내는 것과 동일하다고 여긴다. 그는 자신이 평가한 숫자를 미화하는 편을 택한다.

"곧 됩니다!"는 그들이 주문처럼 입에 달고 다니는 말이다. 어떻게 그렇게 되는지는 설명하지 않는다. 그들은 실패 후에도 채권자가 몇 명인지, 빚이 얼마인지를 파악하지 못한다. 그의 기분 상으로는 모든 게 안전지대에 있는 것 같다. 그는 현실을 알지 못하고, 알려 하지도 않기 때문에, 무지함에 기대 편안함을 유지한다. 그는 항상 막연하게 회생 방법이 있으리라 기대하다가 너무 늦게 급브레이크를 밟는다.

파산했을 때조차 그는 자신의 오류를 인정하지 않는다. 대신 자신의 행동을 설명하기 위한 다양한 변명을 찾는다. 그리고 계획이랄 것도 없는 다음 계획을 늘어놓는다. 그는 비현실

지적인 낙관주의자

적 미래구상을 매우 적극적으로 설명한다. 그리고 상황이 긍정적으로 변할 것이란 확신을 굳건히 붙들고 자신의 가능성을 과대평가한다. 더 이상 물러날 곳이 없을 때까지.

당신 맞은편에 앉은 사업파트너가 너무 확신에 차 있다면, 그리고 너무 간절하게 자신의 미래 성공 가능성을 당신에게 팔아넘기려고 한다면, 그래서 당신의 지원이나 돈이 필요하다고 간곡히 요청한다면, 적당한 타이밍에 "됐습니다"라고 말하는 편이 낫다.

노력하는 유형

그는 성공하려 애쓰지만 그의 실패는 이미 예견되어 있다. 의지는 훌륭하나 노하우가 부족하기 때문이다. 이런 유형은 실패했을 때 보여주는 전형적 태도를 통해 식별할 수 있다. 그는 자신에게 돈을 빌려준 사람들이나 자기가 세운 회사를 곤경에 빠뜨린 딜레마를 해결하기 위해 노력한다. 심각한 재정위기에서 빠져나오기 위해 전략을 세우고 그 안에서 최선의 해결책을 찾는데 모든 걸 바친다. 그러다 자신에게 닥친 재앙이 절대 끝나지 않을 거란 공포를 느낀다. 호전될 징조가 보이지 않고 상황이 계속 위험하게 돌아가면 노력가는 전문가의 도움을 구한다. 자신이 망했다는 걸 받아들이는 태도는 그를 향한 동정심을 불러일으킨다.

이 대목에서 노력가는 오판가와 다르다. 노력가는 자신의 잘못을 시정하려 하고 부채를 상환하려는 의지도 보인다. 그건 그가 채권자들과 이전부터 좋은 관계에 있었기 때문이기도 하다. 하지만 실제로는 상징적 차원에 불과하다. 갚는 돈은 부채에 비하면 새 발의 피다. 자기가 선의를 갖고 있다는 걸 보여주기 위해 선량한 제스처를 취하는 것이다. 원금 모두를 갚진 않는다. 갚으려는 노력을 하는 건 가상하지만 자기가 처한 상황이 밑 빠진 독 같다는 걸 너무 늦게 알아차린 게 문제다. 그는 경보 알람이 울리는 걸 너무 오랫동안 무시해 왔다.

노력가는 아이가 우물에 빠진 다음에야 꺼내보려 손을 뻗는 사람이다. 사태에 책임감을 느끼고 문제 해결에 필요한 모든 노력을 다 한다. 그게 통하면 그는 다시 희망의 세계로 돌아온다. 하지만 그에게 돈을 빌려주었던 채권자의 상황은 별로 나아지지 않는다. 그가 보여주는 태도가 조금 위안이 될 수는 있지만 엄청난 돈을 잃어버렸단 사실엔 변함이 없기 때문이다.

언젠가 누군가에게서 사업제안이 들어왔는데 그 사업파트너가 너무 다정다감하고 긍정적이며 동시에 심하게 애쓴다는 기분이 든다면, 당신의 경보 알람이 울릴 것이다. 그 사업에 손을 댔다가 완전히 망할 수도 있기 때문이다.

지적인 낙관주의자

현혹하는 유형

현혹자는 의도적으로 모두를 속여서 바닥으로 끌어내린다. 그는 지켜지지 않을 것들을 확실하게 약속하고 절대 나오지 않을 돈이 눈앞에 있는 것처럼 말한다. 그렇게 시간을 벌어 상황을 모면한다. 거짓말을 기가 막히게 잘 하고 그걸 '현실에 대한 새로운 해석'이라고 부른다. 그리고 시간이 지나면 그 약속을 기억하지 못한다.

그는 전화 통화를 선호한다. 나중에 책임져야 할 서류가 남지 않기 때문이다. 잘못에 책임을 져야 한다는 말은 간단히 무시한다. 그는 자신에게 속은 사람들은 모두 멍청하고, 자신의 사기술은 노련하고 똑똑하다고 여긴다.

미국의 범죄 사회학자 밀러는 이런 범죄적 태도를 '교활함'이라고 부른다. 그리고 현혹자는 일단은 희생양과 좋은 관계를 유지한 다음, 그들의 신뢰를 매몰차게 배신한다. 이 과정에서 그는 도덕적으로 괜찮게 들리는 개념을 선택한다. 이를테면 '안전한 투자와 높은 이윤의 조합' 같은 말들을 만들어 낸다. 투자자들이 높은 이윤과 안정성을 동시에 원했기에 자신이 그걸 약속했다고 말한다. 사람들이 채권의 가치하락을 두려워하자 '베를린 경제투자재단' 창립자들은 그 두 가지를 하나의 목표로 합치기까지 했다. 이들이 현혹자의 전형적 사례다. 거기에

현혹되어 투자한 사람의 수는 수천 명에 이른다. 베를린 경제
투자재단은 그들에게 금을 5,700만 유로어치나 팔아치웠다. 한
법률가가 금괴의 무게를 정확하게 달아보지 않았더라면 더 많
이 팔아치울 수도 있었을 것이다. 법률가는 딱 봐도 가벼워 보
이는 그 금괴가 순금이 아닌 도금제품이라는 걸 밝혀냈다. 이
런 사기꾼들에게 양심의 가책이라는 것은 존재하지 않는다. 그
들은 다른 사람의 선의를 믿지 않기 때문이다.

현혹자는 사기가 들통 난 다음에도 오래 숨어 지내지 않는
다. 사기가 발각되면 힘든 시기가 찾아오지만 그들에게 그건
거듭된 성공 사이에 간혹 있는 실패일 뿐이다. 그래서 투자자
나 사업 파트너로부터 불신을 받을 때 그가 늘어놓는 약속들은
그들을 가능하면 오래 진정시키는 데만 목적을 두지 않는다.
오히려 그는 매우 개인적이고 믿음직한 형식으로 약속을 맺는
다. 사람들은 변제각서를 썼으니 후속조치를 기대한다. 하지만
그에게 그 각서는 다음번 사기극을 위한 땔감에 불과하다. 그
에게 책임을 지겠단 계획 따윈 없다. 그리고 그런 태도는 결코
바뀌지 않는다. 현혹자는 자신이 모종의 권력을 쥐고 있다고
느끼고, 다른 사람들도 그걸 원한다고 생각하기 때문이다. 그
는 똑똑한 협상가이고 신중하게 행동하며 전문적이기 때문에
너무나 위험하다. 그의 술책이 공개되고 그게 사기술이란 걸

지적인 낙관주의자

누군가 증명해 내면 그는 일단 사기행각을 중단한다. 그에게 속아 넘어갈 또 다른 희생자를 보호할 방법은 오직 이것뿐이다. 처벌당했다고 그에게 준법의식이 생기는 건 아니다. 그 순간에도 그는 자신의 존재를 알지 못하는, 그래서 백지 상태인 새로운 희생자 무리를 찾아 새로운 계략을 꾸민다.

당신이 새로운 사업파트너와 아이디어에 마음을 빼앗긴 나머지 사기극에 휘말린 경험이 있다면 만사에 회의적인 사람이 될 수밖에 없다. 어떤 일을 하든 여차하면 빠져나올 궁리를 하게 되기 때문이다.

막무가내 유형

막무가내 유형은 자기만족감에 몸을 쭉 뻗고 드러누워 눈앞에 닥친 경제적 위험을 극단적으로 무시한다. 그는 오판하는 유형처럼 현실을 간과하는 게 아니라, 위험을 뻔히 보면서도 의식적으로 그 안으로 걸어 들어간다. 자신이 다른 사람의 돈으로 사는지, 생활을 스스로 감당할 수 있는지, 혹은 언젠가는 갚아야 할 빚으로 사는지는 그에게 중요치 않다. "벼룩의 간도 빼 먹자!"가 그들의 신조다.

대표적으로 소위 '노마드 세입자'가 이 유형에 속한다. 그들은 타인에 대한 배려가 없고, 자기중심적이며, 무모하다. 세 얻은 집을 형편없이 망가뜨려놓고선 종적을 감춰버리는 것이 이들의 주요 레퍼토리다.

막무가내 유형은 말투에서부터 날이 서 있다. 그들의 공격적 말투에 일단 주눅이 든 상대는 그가 가까이 오는 걸 피하기 위해 그의 행패를 받아들이고 묵인한다. 이 사기꾼은 그런 식으로 무례함이 큰 소리와 짝을 이루면 승리를 가져온다는 걸 학습했다. 그는 상을 기대하지 않는다. 좋은 행실로 칭찬받길 바라지도 않는다. 그는 상대를 주눅 들게 만들어 이기길 원한다. 그래서 막무가내 유형과 말을 섞으면 항상 갈등이 벌어진다. 그들은 시작부터 높은 수위의 공격성을 드러낸다. 원초적 공격은 기본이다. 막무가내 유형은 오직 그런 언사로 상대를 이기는 데 관심을 둘 뿐, 대화로 상대의 동의를 얻으려 하지 않는다. 그의 목표는 협상에서 이기는 것이다. 보상도, 타협도, 책임인정도 하지 않는다. 그 비슷한 것도 하지 않는다. 돈이 있을 때조차 채무변제를 하지 않겠다고 완강하게 버틴다. 수세에 몰렸다 싶으면 대화에서 무작정 빠져나온다. 계속해서 그 수법이 먹히진 않지만 당분간은 괜찮다. 그리고 그렇게 주도적 기분을 느끼는 것만으로도 그들은 만족감을 느낀다.

직접 협상을 진행해 보면 사업 파트너가 막무가내 유형인지 아닌지를 쉽게 판별할 수 있다. 대화를 풀어가는 방식이 지

지적인 낙관주의자

나치게 경쟁적이라면 일단 의심하고 봐야 한다. 그들은 불쾌한 분위기를 조성해서 금방 상대를 지치게 만든다. 그리고 그걸 즐기고 선호한다. 사실관계엔 별 관심이 없고, 논리도 부족하다. 그는 언론과 인터넷, 경찰과 법원까지 동원하여 협박을 일삼는다. 그리고 거기에 운이 따르면 골리앗에 맞서 싸우는 꼬마 다윗 행세를 하는 막무가내 유형을 돕는 멍청이 몇몇이 가세한다. 일단 성공하면 그는 자신의 부당함이 정당화 되었다고 믿는다.

그러니 당신의 대화상대나 고객이 당신을 저돌적으로, 혹시 너무 저돌적으로 대한다면 막무가내 유형을 만났다고 판단하고 긴급조치를 취하는 게 좋다. 즉, 일단 그 사람과 도모하던 모든 일에서 손을 떼는 게 좋다.

비이성적 소비자

마지막 사기꾼 유형인 비이성적 소비자에게 지위상징status symbol은 매우 중요하다. 그런 것들이 성공의 증표이기 때문이다. 이 유형은 성공한 사람일수록 지위상징이 많다고 생각한다. 그리고 이는 자본주의 세상에서 기정사실화된 논리이기도 하다. 그는 자신의 결핍을 소비로 채운다. 여기서 비이성적이란 단서를 단 이유는, 그들의 소득과 소비 간 격차가 터무니없이 크기 때문이다. 그의 행동 동기는 물질적으로 소비를 감당하지 못하면 사회에서 밀려나고 말 거라는 두려움이다. 그는 자신이 누리는 물질적 쾌락을 사치품으로 여기지 않는다. 오히려 더 많이 갖는 게 마땅하다고 생각한다. 자신은 너무 훌륭하고 섬세하며 세련된 인간이기에 일반적이고 평범한 삶은 어울리지 않다고 말이다.

비이성적 소비자 유형은 아무 생각 없이 자신의 소비성향을 따라간다. 재정적으로 무관심하다 보니 재정적 책임감을 잃는 것도 한순간이다. 하지만 재정몰락에도 그는 개의치 않는다. 문제점 감추기에 선수인 그는 "다 괜찮아 보이니까 괜찮다"고 생각한다. 신경 써야만 하는 재정적 압박에도 신경 쓰지 않는다. 대신, 카드론과 할부로 얻은 시한부 자유를 만끽한다. 그는 자기가 걸친 사치품들을 남들이 봐주길, 그리고 감탄해주길 원한다. 어떤 면에서 그는 대단히 순진한 사람이다. 감당할 수 없는 채무에 대한 걱정은 금세 잊고, 마치 멋진 새 장난감에 마음을 뺏긴 아이처럼 신상의 유혹에 지갑을 다시 연다. 그에겐 그저 새 장난감을 갖고 놀고 싶은 마음뿐이다. 다른 사람을 희생시켜서라도.

지금까지 설명한 사기꾼 유형을 잘 기억하고 그들의 수법에 절대 넘어가선 안 된다. 그랬다간 당신이 낙관주의를 잃는

지적인 낙관주의자

건 시간문제다. 또한 낙관주의가 어떤 고정된 위대함의 상태가 아니라는 걸 기억하라. 낙관주의는 때론 운명의 돌팔매에 맞거나 사기극에 휘말렸을 때도 어려운 시험을 치른다고 생각하고 통과해 나가는 자세다. 이미 사기꾼 유형에 해당하는 동료나 고객을 상대하고 있다면, 더 험한 꼴을 겪기 전에 가능하면 빨리, 티 내지 말고 조금씩 멀어져라. 그런 사람들이야말로 당신의 유쾌한 기분을 난도질하고 낙관주의자로 향하던 당신의 발을 걸어 꼬꾸라지게 만드는 장본인이기 때문이다. 그런 일이 일어난다면 그건 정말 안타까운 일이다.

낙관주의 계발을 위한
25가지 실천 팁

이 실천 팁 전부를 따라야 하는 건 아니지만 이중에서 몇 가지는 당신에게 잘 맞을 것이고, 조금 더 긍정적인 사람이 되고 싶다면 맞는 팁을 실천으로 옮기면 된다. 이 실천 팁으로 일상에서 유쾌한 기분을 유지할 수 있다. 긍정적인 삶의 자세는 당신에게 가장 친밀한 영역에서부터 긍정적인 영향력을 발휘하기 때문이다. 하지만 직장에서 성공하는 데도 유쾌한 분위기는 중요하다. 능력이 동일할 경우 선택을 받는 건 항상 낙관주의자다. 별로 놀라운 일은 아니다. 낙관주의자와 함께 일하는 게 훨씬 재미있다는 건 낙관주의자가 아니어도 안다.

1. 낙관주의자의 인지적 마법을 실천해 보라. 영구적 원인이 당신에게 있어서 언제라도 반복될 수 있는 긍정적 사건을 되새겨 생각하라.

2. 당신의 실패에는 일시적이고, 특별한 원인이 작용했다고 가정하라.

3. 자신을 평균 이상으로 생각하는 능력, 즉 직장에서나 사생활에서 자신을 평균보다 멋지다고 생각하는 능력을 키우라. 그 기초가 세워진 다음에 자기 비판을 시작하면 균형을 잡을 수 있다.

4. 파생적 낙관주의자의 4단계 전략을 명심하라.

    - 직장에서 기회를 발견한다. 단, 위험요소를 간과하지 않는다.
    - 그 프로젝트와 목표가 노력할 만한 것인지 마음속으로 저울질한다.
    - '그렇다'는 판단이 들면 결정을 내리고 실행에 옮긴다.
    - 비판이 있어도 긴 호흡으로 결정을 추진한다.

5. 추진하려는 프로젝트의 실패 시뮬레이션을 해 보자. 아무것도 떠오르지 않는다면 모든 게 좋다는 의미다. 하지만 관계자 누군가에게 최악의 시나리오가 떠올랐다면, 그 시나리오가 현실이 되지 않도록 예방책을 강구할 때다.

6. 주변에 건설적 비판자가 있다면 좋은 관계를 유지하라. 장밋빛 안경을 쓴 사람에게 비판자는 위협적 재앙을 미리 알리는 최고의 경보 시스템이다.

7. 당신을 위축되게 만드는 사람이나 장소를 피하라. 불평꾼과 아이디어 킬러, 신경질쟁이를 멀리할수록 좋다.

8. 최적의 상태를 향한 과욕은 버려라. 너무 많은 체중감량 목표나, 단 건 절대 먹지 않겠다는 결심이나 술은 입에도 대지 않겠다는 약속 등은 오히려 낙관적 인간이 되는 길을 방해한다. 목표를 이루지 못했을 때 느껴지는 좌절감은 비관론으로 비화하기 쉽다.

9. 내면의 시간여행을 자주 떠나라. 어떤 좋은 것을 구체적으로 상상할 수 있다면, 그 좋은 것을 손에 쥘 가능성도 높아진다.

10. 현재 소유하고 있는 물질적인 것들을 소상히 파악하고 있으면 안정감을 느낄 수 있고, 안정감은 낙관주의의 든든한 기반이 된다.

11. 다음의 낙관적 논리를 따르라. '성공 = 내 덕, 실패 = 남 탓, 구조 탓, 환경 탓.' 이렇게 생각하는 것은 낙관주의를 키우고 우울한 생각을 버리는 데 도움이 된다. (물론, 필요한 자기비판은 차후에 수용돼야 한다.)

12. 내면의 독백을 연습해 보라. 떠오르는 비관적 생각을 하나 적은 다음, 그 생각을 묻어버릴 다섯 가지 긍정적 생각을 적는다. 스코어는 5 대 1, 다시금 낙관주의가 승기를 잡을 수 있다.

13. 복잡한 문제를 푸는 비관론의 열쇠는 세부적인 것에 있다. 세부사항에 집중하며 한발씩 작은 걸음을 옮기라.

14. '희망의 저울'을 애용하라. 저울의 양변엔 다음 두 가지가 놓여있다.

- 미래의 목표를 향해 있는 힘껏 달려가고, 이미 도달한 목표는 의기양양하게 사람들 앞에 내보일 줄 아는 자기확신
- 긍정적인 결과를 도출할 수 있는 대안을 상상하는 자유

15. 비관주의자들이 모여 당신의 아이디어를 비난하는 회의나 집단을 과감히 떠나라. 거기서는 그 어떤 성과도 나올 수 없다.

16. 공개적으로 너무 높은 목표를 설정하지 마라. 기준점이 너무 높으면 닿기가 힘들다. 그보단 작은 목표를 정하고 한 해 동안 그 막대를 가볍게 뛰어넘는 게 좋다. 한번 성공한 다음에 막대를 조금 높여도 늦지 않다.

17. 자화자찬하라. 그리고 자화자찬을 믿어라! 쉽지 않겠지만 자신에게 긍정적인 꼬리표를 붙이다 보면 만족감이 생긴다. 낙관주의자가 되는 데 무엇보다 필요한 감정이 만족감이다.

18. 낙관주의의 주요 공식은 이러하다.

- 실현 가능성 분석 + 건전한 인간관 = 성공 가능성 개선

19. 최고의 순간을 기억 속에 잘 간직했다가 언제라도 소환하라. 아름다운 기억은 미래를 향한 용기를 북돋아 준다.

20. 중요한 결정을 앞두고 '사전부검'을 실시하라. "우리가 결정을 내리고 1년 동안 실행한 결과 무참히 실패했다고 가정해 보자. 5분에서 10분간만 무슨 이유로 실패했는지를 적어보라."

21. 자기 효능감을 관리하라. 자신을 향한 긍정적 기대는 당신을 더 건강하게 만든다. 낙관주의자들이 다른 사람보다 빨리 회복하는 비결은 바로 미래를 구체적으로 계획하고 그 작은 단계를 눈앞에 그려나가는 능력이다.

22. 유사성의 원리에 유념하라. 대화할 때 상대화의 유사점과 공통점을 강조하라. 긍정적 분위기를 형성하는 데 효과적이다.

23. '중화 기술'을 연마하라. 실수로 인한 비관적 감정을 중화시키는 합리화 전략은 당신이 유쾌한 기분을 유지하는 걸 도와준다.

24. 긍정 일기를 적으라. 단순해 보이지만 효과적이고 유익하다. 하루에 두 가지 좋은 경험만 적어도 일주일이면 14개, 한 달이면 56개, 일 년이면 672개의 좋은 경험이 기록된다.

25. 마지막으로 권할 것은, 설렘이다. 사람은 누구나 휴가, 포상 등 좋은 사건이 일어나길 기다리는 동안 설렘을 느끼고 낙관주의자는 이 설렘을 사랑한다. 주변 사람들에게 역시 설렘의 시간을 허락한다면 그들도 당신에게 감사할 테고 그건 또한 당신에게도 기쁨이 될 것이다.

지금까지 말한 조언에 관한 심층적 설명은 책 본문에서 찾을 수 있다. 이 조언을 따른다면 당신은 낙관주의를 안정적으로 유지할 수 있을 뿐 아니라 좀 더 실감나는 방향으로 심화시킬 수도 있을 것이다. 그렇다면 당신은 세상의 갈등 앞에 두 눈을 감기보다는 그 갈등까지도 아름답게 말하게 될 것이다. 당신의 낙관주의는 영향력을 미칠 수 있는 범위 내에서 당신이 매일 세상을 한 뼘 정도 더 나아지게 만들 수 있도록 노력할 에너지를 제공할 것이다. 거기에 희망이 있다. 그러니, 지금부터 시작해 보자!

감사의 말

독일 함부르크의 낙관주의지 클럽에 고마움을 전한다. 클럽에서 의뢰한 연구결과가 이 책의 기초가 되었다. 연구를 수행해 준 라인골드 연구소 소장인 슈테판 그뤼네발트에게도 감사한다. 연구 데이터를 모아 책을 쓰자는 아이디어는 클럽에서 먼저 제안한 것이다. 아이디어를 제공하고 지원해 준 것에 대해 클럽 대표에게도 감사를 전한다.

무엇보다 낙관주의자 클럽의 창립자인 클라우스 우터묄레의 열정적 지원에 감사하고 싶다. "미치광이들이 승리한다!"는 그의 신조는 건설적인 방향으로 이 책을 구상하는 데 도움이 되었다.

다양한 분야의 전문가, 학자, 자기 경영 훈련가들의 영향을 받아 이 책이 완성되었다. 그들은 낙관주의에 접근하는 다양한 관점을 보여줬다. 독문학자 산드라 리히터, 이스라엘 출신 뇌과학자 탈리 샤롯, 트렌드 분석가인 마티아스 호르스, 자기 경영 상담가인 니콜라우스 엥켈만과 한스 우베 쾰러, 그리고 미국 심리학자인 마틴 셀리그먼과 대니얼 카너먼에게 감사한다.

그들의 통찰이 최고의 낙관주의자란 개념을 계발하는 기초가
되었다.

대화를 통해 일상에서 일어난 낙관주의의 경험을 나눠준
가족들에게도 감사하고 싶다. 경제비평가인 나의 아내 브리지
트와 긍정심리학에 매우 관심이 많은 심리치료사 딸 라우라 바
네사, 피트니스 클럽 전문 경영자인 아들 레온 발렌틴이 그들
이다. 특히 아들은 내가 낙관주의를 잃지 않고서도 이상적 체
형을 유지할 수 있도록 도움을 주었다.

집필기간 동안 시간적 여유를 허락해 준 대학 측에도 감사
한다. 대학의 배려가 없었다면 이 책은 가능하지 않았을 것이
다. 당연한 배려가 아니었다는 걸 잘 알고 있기에 특별히 고마
움을 전한다.

옌스 바이드너

함부르크, 2017

심플하고 유능하게 사는 법에 대하여

지적인
낙관주의자

초판 1쇄 발행 2018년 8월 1일
초판 3쇄 발행 2018년 9월 13일

지은이 옌스 바이드너
옮긴이 이지윤
펴낸이 김선식

경영총괄 김은영
책임편집 양예주 **디자인** 김누 **크로스교** 봉선미 **책임마케터** 최혜령, 김민수
콘텐츠개발5팀장 박현미 **콘텐츠개발5팀** 이호빈, 봉선미, 양예주, 김누
마케팅본부 이주화, 정명찬, 최혜령, 이고은, 김은지, 김민수, 유미정, 배시영, 기명리
전략기획팀 김상윤
저작권팀 최하나, 추숙영
경영관리팀 허대우, 권송이, 윤이경, 임해랑, 김재경, 한유현, 손영은

펴낸곳 다산북스 **출판등록** 2005년 12월 23일 제313-2005-00277호
주소 경기도 파주시 회동길 357 3층
전화 02-704-1724
팩스 02-703-2219 **이메일** dasanbooks@dasanbooks.com
홈페이지 www.dasanbooks.com **블로그** blog.naver.com/dasan_books
종이 (주)한솔피앤에스 **출력·인쇄** 민언프린텍 **후가공** 평창P&G **제본** 정문바인텍

ISBN 979-11-306-1854-8 (03190)

이 도서의 국립중앙도서관 출판시도서목록(CIP)은 서지정보유통지원시스템 홈페이지(http://seoji.nl.go.kr)와
국가자료공동목록시스템(http://www.nl.go.kr/kolisnet)에서 이용하실 수 있습니다. (CIP제어번호 : 2018022907)